Michael Klotzbücher

Aber jetzt!

Zu diesem Buch

Noch ein Buch über den Jakobsweg, den Pilgerpfad nach Santiago de Compostela in Spanien.

Ja, aber nur die notwendige Fortsetzung und Vervollständigung des Buchs „Ich auch! – Mein Jakobsweg" des gleichen Autors, erschienen 2015.

Wie im ersten Buch ist es eine Kombination aus eigener Wegbeschreibung, Vergleich mit und Kommentar zu anderen und bekannten Autoren sowie ein bunter Strauß von Gedanken zu allen möglichen Themen, an die man beim Pilgern eben so denkt.

Auf den letzten 260 Kilometern des Camino, zwischen Astorga und Santiago, werden Probleme mit Wetter und Gepäck unwichtig und machen Platz für eine kritische, differenzierte und irgendwie auch entweihende Betrachtung des heutigen Jakobsweg-Booms.

Foto: Marcus Milbradt

Dr. Michael Klotzbücher, geboren 1951 in München, ist Chirurg mit eigener Praxis in Donaueschingen.

Neben seiner eigentlichen Tätigkeit, dem Operieren, ist er seit vielen Jahren politisch aktiv. Als Stadtrat, Bundestagskandidat und in zahlreichen Funktionen seiner Partei, den Freien Demokraten.

Michael Klotzbücher

Aber jetzt!

Mein Jakobsweg, Teil 2

Bibliografische Information der Deutschen Nationalbibliothek:
Die Deutsche Nationalbibliothek verzeichnet diese Publikation in der Deutschen Nationalbibliografie; detaillierte bibliografische Daten sind im Internet über http://dnb.dnb.de abrufbar.

© 2017 Dr. Michael Klotzbücher
Alle Fotos © Dr. Michael Klotzbücher

Die genannten oder aufgrund der Schilderung erkennbaren Firmen und die zitierten und damit promoteten Autorinnen und Autoren sowie deren Verlage sind an der Realisierung dieses Buches in keiner Weise beteiligt.

Herstellung und Verlag: BoD – Books on Demand, Norderstedt
ISBN: 978-3-7412 7723-8

Se siempre tu mismo!! – Sei immer du selbst!

Graffiti an einer Hauswand in Galicien

INHALT

1. Donaueschingen 9
2. San Sebastián 18
3. Astorga 27
4. Foncebadón 37
5. Ponferrada 48
6. Cacabelos 55
7. Vega de Valcarce 66
8. Fonfría 74
9. Sarria 85
10. Portomarín 95
11. Palas de Rei 104
12. Arzúa 110
13. Labacolla 118
14. Santiago de Compostela 125
15. El camino de vuelta – Der Weg zurück 136

Orte 145

Personen 147

Themen 148

Etappen **150**

Quellen

Jakobsweg, Carmen Rohrbach, Piper Verlag München 1991, Piper E-book 2009

Der Jakobsweg, Shirley MacLaine, Goldmann Verlag München 2001

Ich bin dann mal weg, Hape Kerkeling, Piper Verlag München 2006

Auf dem Jakobsweg, Paulo Coelho, Hörbuch und E-Book, Diogenes Verlag Zürich 2007

Tod auf dem Jakobsweg, Petra Oelker, Rohwolt Verlag Hamburg 2007

Zwei Esel auf dem Jakobsweg, Tim Moore, Piper Verlag München 2008

Das Jakobsweg-Komplott, Ulrich Hinse, Scheunen Verlag 2009

Das Geheimnis von Santiago, Toti Lezea, Krüger Verlag 2010 und Fischer E-Books

Spanischer Jakobsweg, ADAC-Wanderführer, ADAC Verlag München 2010

Der Jakobsweg, Reiseführer, Joan Fiol Boada, Hampp Verlag Stuttgart 2007

Der Jakobsweg – Das Handbuch für die Auszeit, Hartmut Pönitz, Bruckmann Verlag München 2010

Codice calixtino, Guía del Peregrino Medieval, Libro V, Alvarellos Editora Santiago de Compostela 2016

Hinweis zu den Zitaten:

E-book-Versionen lassen oft nicht die Seitenzahlen des gedruckten Buches erkennen.

Bei Zitaten aus E-Books wird die Seitenzahl genannt, wenn sie der Printversion entspricht.

Im Zweifel bzw. zusätzlich wird der Name oder die Nummer des Kapitels genannt.

Quelle für dieses Vorgehen: http://wissenschafts-thurm.de/zitieren-von-e-books/

1 Donaueschingen

„Ich mag keine halben Sachen" – das waren die Worte eines Verlegers auf der Frankfurter Buchmesse, der mein erstes Buch über den spanischen Jakobsweg[1] angenommen hätte, wäre ich bis Santiago de Compostela gelaufen und hätte, so wie meine literarischen Wegbegleiter, den ganzen Weg beschrieben.

Nun, vielleicht hatte er ja recht. Aber ich konnte den Weg schon aus beruflichen Gründen nicht am Stück laufen, ich musste meine Etappen auf mehrere Jahre verteilen.

Und in Astorga, 260 Kilometer vor Santiago, gut 500 Kilometer geschafft, war für mich ein Punkt erreicht, an dem meine Gedanken einfach raus mussten. Ich wollte es wissen: Schaffe ich nicht nur den Camino, sondern kann ich wirklich auch darüber schreiben? So, dass zumindest ein kleiner Kreis von Leserinnen und Lesern das einigermaßen gut findet?

Ich weiß jetzt, dass ich das konnte. Die Verkaufszahlen waren zwar nicht wirklich prickelnd, die Besucherzahlen bei meinen wenigen Lesungen überschaubar, aber Anerkennung habe ich bekommen. „Der Doktor kann auch schreiben", oder so und mehr.

Die meisten Leserinnen und Leser haben sogar den Titel so verstanden, wie er gemeint war: Als bescheidener Hinweis darauf, dass ich nur ein weiterer Autor unter Vielen bin.

Dass ich durch mein Buch nichts bewirkt habe, war ja nicht anders zu erwarten. Es gibt immer noch keine weiblichen Falschfahrer im Verkehrsfunk, und auch die Front der Satzzeichenaussprecher steht fest und unerschüttert. Stuttgart minus German minus Masters de. Trauringe minus selber minus machen net. Nett.

Aber weil ich auch keine halben Sachen mag, folgt jetzt der versprochene zweite Teil. Die Beschreibung des Wegs von Astorga nach Santiago, der

---

[1] Ich auch – Mein Jakobsweg, Michael Klotzbücher, BoD Books on Demand Norderstedt 2015

Vergleich mit Vorbild-Büchern und wieder die Gedanken, die mich auf dem Weg beschäftigen.

Ich gebe zu, ich hatte kurzfristig eine fiese Idee, um mein Buch an den Verlag zu bringen, bevor ich die Gelegenheit hatte, den Weg zu Ende zu gehen: Karl May als Vorbild nehmen, der ja die Schauplätze seiner Romane nie gesehen hat. Den Weg beschreiben ohne ihn wirklich gegangen zu sein. Aber dann dachte ich, das wäre unfair gegenüber meinen Leserinnen und auch unbefriedigend gegenüber mir selbst.

Außerdem wird es nach zwei Jahren wieder Zeit, hier raus zu kommen und mal wieder los zu laufen. Ich habe ein zunehmendes Solidaritäts- und Identifikationsproblem mit meinem Umfeld. Ich brauche Luft.

Donauquelle in Donaueschingen

Ich wollte in meiner Praxis ein Rezept für Arcoxia ausstellen und habe Astorga geschrieben; dann mit meinem PC geschimpft, weil er das nicht findet und ihm mal wieder mit dem Einsatz des Defibrillators gedroht.

Die Tankstelle aus Kapitel 1 im ersten Buch[2], die sozusagen meine erste Etappe auf dem Camino war, führt meinen Pfeifentabak nicht mehr. Na ja,

---

2 Ich auch, Seite 11

wahrscheinlich war mein Umsatz halt doch nicht so gut. Auf zehnmal Tabak kaufen kommt einmal tanken, der Rest geht zu Gunsten des Fachgeschäfts. Und ich habe die Möglichkeit der zuverlässigen Vorratssicherung durch Einkäufe im Internet entdeckt.

Die Donauquelle, Wahrzeichen, Mittelpunkt und irgendwie Existenzberechtigung für meine Stadt, ist aufwändig renoviert und wirklich schön geworden. Aber der Zaun, den es früher nicht gab, die Mauer zwischen Stadt und Schloss, zwischen Bürgern und Fürstenhaus, ist nur frisch lackiert und nicht kleiner geworden.

Donaueschingen hat mal wieder gewählt, diesmal einen Landtag für Baden-Württemberg.

Da war es all die Jahre üblich, dass die Kandidaten aus der Region kamen, hier verwurzelt waren, die Probleme des Wahlkreises kannten und sich entsprechend profilierten. Die Gewinner kamen nicht immer aus meiner Partei und waren mir nicht immer alle sympathisch, aber das war Demokratie.

Im Frühjahr 2016 hat es genügt, der entsprechenden rechtspopulistischen Partei anzugehören, um Landtagsabgeordneter für Donaueschingen zu werden, man muss nie hier gewesen sein.

Und vor allem: Die 17 Prozent Wählerinnen und Wähler dieser Partei und dieser Person sind zum Teil nicht nur Leute, die vor einigen Jahren selbst als Flüchtlinge zu uns kamen und jetzt gegen Flüchtlinge hetzen und wählen, es sind auch, im Einzelfall natürlich nicht erkennbar, aber verdächtig, meine Patienten. „Die schärfsten Kritiker der Elche waren früher selber welche"[3].

Ja, es hat sich Vieles verändert.

Das Problem Flucht und Vertreibung, für mich am Ende meiner vorherigen Etappe in Astorga das Kernthema, hat mit dem bis dahin verdrängten Aspekt der Aufnahme von Flüchtlingen Deutschland und Donaueschingen

---

3 F. W. Bernstein, eigentlich Fritz Weigle, deutscher Lyriker, Grafiker, Karikaturist und Satiriker. Mitbegründer des Satiremagazins Titanic

erreicht. Donaueschingen sogar besonders stark, denn die Hoffnung der Verwaltung, niemand möge bemerken, dass wir eine große, aber nach dem Abzug des französischen 110° Régiment d´Infanterie leerstehende Kaserne haben, hat sich nicht erfüllt.

Wir schaffen das, aber wir müssen uns gegen eine zu große Gruppe in unserer eigenen Gesellschaft durchsetzen, die es nicht schaffen will.

Aus dem irgendwie blöden Ost-West-Konflikt der Nachkriegszeit ist nach einer kurzen Phase der Hoffnung auf Frieden in der Welt ein ebenso blöder Konflikt zwischen Christentum und Islam geworden. Mein pazifistischer und wehrdienstverweigernder Sohn sagt zum Islamischen Staat: „gegen die würde ich auch kämpfen".

Nicht zu vergessen der anhaltende und genauso blöde Konflikt zwischen Juden und Muslimen in Palästina und Israel.

Ich habe Spanisch gelernt. Noch ein bisschen mehr, als ich schon konnte und vor Allem: ich habe jetzt die Melodie der Sprache im Ohr. Das geht leider zu Lasten meines Italienisch, aber es wird mir nicht so gehen wie einem Schauspieler aus den USA in Bolivien, der am Bankschalter von einem Zettel abgelesen hat: "Esto es un robbo. Manos arriba!"; dann aber dem sich entwickelnden Dialog nicht folgen konnte. Es hat böse geendet[4]. Und es wird mir nicht passieren, dass ich mir ein Eselbrot bestelle. Burro heißt Italienisch Butter, Spanisch aber Esel.

Was erwartet mich wohl auf dem Rest des Wegs nach Santiago?

Landschaftlich weiß ich, dass es erst über Berge, die Montes de León, geht, zum berühmten Cruz de Ferro, dem nicht nur geografischen Höhepunkt des Weges, dann durch die Ebene des Bierzo mit den Städten Ponferrada und Villafranca, dann nochmal etwas niedrigere, aber steilere Berge, der Pass O Cebreiro, und schließlich hinunter nach Galicien und nach Santiago.

---

[4] Film „Zwei Banditen" (Originaltitel: Butch Cassidy and the Sundance Kid), Paul Newman und Robert Redford 1969

Ich stelle mir das vor wie von Tuttlingen über die Schwäbische Alb, durch die Ebene der Baar mit Villingen-Schwenningen und Donaueschingen, und schließlich noch über den Feldberg nach Freiburg, oder noch etwas weiter, nach Breisach und Colmar oder so ähnlich.

Sankt Jakob, Donaueschingen-Allmendhofen

Schau'n wir mal.

Aufpassen muss ich jedenfalls, dass ich mich nicht wiederhole und anfange zu langweilen, in diesem Stadium des Weges ein Problem aller Wanderungs-Erzähler. Alles, was man über schlechtes Wetter, schwere Rucksäcke oder volle Herbergen und gestylte Powerpilger sagen kann, habe ich wohl schon geschrieben.

Die Krimiautoren haben jetzt ein anderes Problem, sie müssen allmählich schauen, wie sie aus ihren selbstgestrickten Knäueln wieder rauskommen und einen einigermaßen logischen und spannenden Showdown hinkriegen. Und die Esoteriker- na ja.

Ich werde vermutlich das Problem bekommen, dass ich nichts wirklich Neues denke, dass ich meine Themen bereits abgedacht und beschrieben habe. Die Zahl der Themen, mit denen sich ein leidlich politisch interessierter Landchirurg beschäftigt, ist begrenzt und erweitert sich mit langsam zunehmenden Alter nicht wirklich spektakulär.

Vielleicht schaffe ich es aber, meine Gedanken zu vertiefen und im einen oder anderen Fall zu neuen Erkenntnissen und Bewertungen zu kommen.

Außerdem habe ich mit diesem zweiten Buch die Chance, einen Fehler zu korrigieren: Es gab in meinem ersten Buch keine Karte, anders als bei allen Mitautoren. Ich habe darauf verzichtet, weil ich kein Problem mit dem Urheberrecht bekommen wollte. Und selber zeichnen – besser nicht!

Ich dachte, dass meine Leserinnen ja auf ihrem PC oder Telefon eine Karte suchen und sich neben mein Buch legen können. Oder den Weg bei Google Earth mitverfolgen. Und wenn ich ehrlich bin- ich denke eigentlich immer noch so. Bereiten sie das schon mal vor, es wird in diesem Buch geografisch und landschaftlich ein bisschen durcheinander gesprungen werden.

Aber eine meiner Leserinnen, eine Künstlerin, eine Malerin, aus Hüfingen[5], hat mir eine Karte gezeichnet, und die darf ich jetzt einfügen auf Seite 151.

Meine Wanderung beginnt am rechten Rand des Taufbeckens.

Also los. Es sind ja nur noch 260 Kilometer bis Santiago. Dafür müssen 10 Tage reichen, plus vier Tage für An- und Abreise, dann ist der 14-Tage-Urlaub gut ausgefüllt.

Zuerst kommt die Reise nach Astorga, die mich wieder mit dem Auto quer durch Frankreich führt.

Das Lästigste an diesen Reisen fand ich immer das Bezahlen an den Mautstellen, was ich nur in bar erledigen konnte, denn EC- oder Prepaid-Kreditkarten funktionieren nicht, und eine richtige Kreditkarte habe ich nicht.

---

5 Marianne Papenfuß, Kunstkreis Hüfingen

Die Franzosen fahren über eine Telepéage-Spur einfach durch, aber die dafür notwendige Box an der Windschutzscheibe bekommt nur, wer ein Bankkonto in Frankreich hat. Oder?

Es gibt inzwischen eine Firma in Deutschland, die solch ein Konto hat und Mautboxen vermietet! Das habe ich mir gegönnt. Dass ich damit gegen mein inneres Prinzip des Datenschutzes verstoße, nehme ich in Kauf; wenn in meinem Buch stehen wird, wo ich war dann kann das auch in meinen Steuerunterlagen verewigt werden.

Bequemlichkeit vor Diskretion, und es lohnt sich. Oder besser gesagt, es ist ein erhebendes Gefühl, vor den Mautstellen aus der Schlange auszuscheren und mit 35 km/h auf die Schranke zuzufahren, das ist die Geschwindigkeit, bei der sich die Schranke unmittelbar vor der Stoßstange hebt. Ein erprobter Erfahrungswert. Auch wenn die Schlangen heute nur aus zwei bis drei Autos bestehen. Besonders kurz vor der spanischen Grenze ist es cool, da kommen kurz hintereinander gefühlte 5-7 Mautstellen mit Kleinbeträgen.

Es ist, zugegeben, natürlich kindisch, aber trotzdem schön: Ich fahre sehr gemütlich, ein Auto überholt mich. Nach der folgenden Mautstelle überholt es mich wieder. Und dann nochmal. Und nochmal. Was denkt der Fahrer, während ich überlegen grinse? Weil die nächste Schranke bald kommt…

Daneben genieße ich natürlich die Landschaft, die bei allen Veränderungen im Laufe des Tages einfach großartig ist. Was verpassen alle, die da nur drüber fliegen!

Es bleibt aber auch Zeit, damit zu beginnen, über irgendwas nachzudenken, und der Beginn darf ja durchaus banal sein.

Zum Beispiel eine Kleinigkeit, die ich in meinem bisherigen Leben unter vielem anderen auch nie verstanden habe: Welcher Plastikmüll gehört in den gelben Sack oder die gelbe Tonne, und welcher nicht?

Theorie eins: Plastikmüll zur Wiederverwertung. Das klingt sinnvoll und machbar, stimmt aber ganz sicher nicht. Es wäre ja sinnvoll und machbar.

Theorie zwei: Verpackungen mit dem Symbol des Gelbsacks, also mit diesem eingerollten grünen Pfeil. Stimmt auch nicht, denn das ist das Logo des

Dualen Systems, und das ist nur ein Anbieter von Gelbsäcken, es gibt auch andere, also auch Plastik ohne dieses Symbol rein. Äh… ist das so?

Theorie drei: Verpackungen aus Plastik. Das stimmt wohl.

Und wäre einfach, sinnvoll und machbar. Aber: Ich habe zum Beispiel zwei identische und gleich kaputte Kleiderbügel aus Plastik. Einen habe ich als Kleiderbügel gekauft, der andere war zusammen mit einem Hemd verpackt. Also ist einer einfach nur ein Kleiderbügel und damit Restmüll, der andere aber Teil einer Verkaufsverpackung und damit was für den Gelbsack. Wenn ich jetzt noch wüsste, welcher welcher war…

Also Theorie vier und meine Lösung: Alles rein, was nicht dazu führt, dass die Männer von der Abfuhr den Sack stehen lassen. Alles Plastik, meine ich. Das funktioniert, aber ob es so gemeint war und sinnvoll ist?

Man soll vielleicht nicht zu viel und zu intensiv über manche Dinge nachdenken. Aber bei einer so langen Fahrt entspannt es, und deshalb noch ein schönes Beispiel:

Wenn ein Einkaufszentrum, ein Baumarkt oder wer auch immer einen Rabatt von 20% anbietet, dann verstehe ich das. Es handelt sich um einen Preisnachlass, eine Preisreduzierung um 20%. Ein Artikel kostet zum Beispiel anstatt 100 Euro nur 80 Euro. Ich denke, soweit sind wir uns einig, oder?

Was aber bedeutet es, wenn ein Rabatt von -20%, also minus 20% angeboten wird?

Ok, sie werden mir jetzt, vielleicht zu Recht und nicht zum letzten Mal, kleinkariertes Denken und Klugscheißerei vorwerfen. Aber sprachliche, grammatikalische und mathematische Korrektheit ist eine schützenswerte Tugend, nicht nur für Jakobspilger.

Ein Preisnachlass von -20% bedeutet, mathematisch korrekt gedeutet, einen Aufschlag von 20%. Nochmal lesen, es stimmt, und wenn es nicht so gemeint ist, was ich vermute, dann ist es – idiotisch.

Atlantikküste in San Sebastián

Aber gut damit. Mögliche Zwischenziele in Frankreich habe ich auf den ersten Reisen schon absolviert: Die Höhlen von Lascaux, die Trüffel in Périgord, die Weinkeller in Saint Émilion, den aus der Geschichte bekannten Badeort Vichy, von 1940 bis 1944 Sitz des gleichnamigen Regimes; das schwarze, weil aus Vulkangestein erbaute Clermont-Ferrand und andere.

Diesmal soll es am ersten Tag bis nach San Sebastián am Atlantik gehen, wo ich in der Altstadt eine Pension gebucht habe, nahe dem Parkhaus Kursaal. Ja, so heißen in Spanien Kongresssäle. Ich kenne die Stadt schon ein bisschen, von einer meiner früheren Rückreisen. Ein Spaziergang durch die Altstadt und an die Küste soll den Tag ausklingen lassen.

Schön, ich bin weg. Weit weg für einen Tag. So etwa 1300 Kilometer.

Morgen geht es nochmal weiter mit dem Auto, entlang des Camino bis nach Astorga. Dort kann dann der letzte Abschnitt meines Weges nach Santiago beginnen.

2 San Sebastián

Die Erfahrung mit der Pension in der Altstadt ist zwiespältig. Der Spaziergang durch die Stadt und an den Atlantik war schön, kein Zweifel.

Aber dann: Der Spanier, oder zumindest der Baske, so scheint es, neigt dazu, nachts auf den Straßen zu lärmen. So richtig laut und lange. Ich bin normalerweise nicht lärmempfindlich, und wenn ich schlafe, dann schlafe ich. Aber heute ist daran nicht zu denken. Wenn ich mal bei einer gleichmäßigen Geräuschkulisse wegdämmere, dann brandet eine Lachsalve oder eine besonders kreischende laute Stimme auf.

Um vier Uhr morgens gebe ich auf, und ich habe auch einen Plan: Ich könnte zum Sonnenaufgang auf dem Alto del Perdón sein, dem Pass zwischen Pamplona und Puente la Reina, den ich nach meiner ersten Wanderung dorthin auf den folgenden Anreisen immer wieder besucht habe[6]; weil ich dort und nicht, wie pligermäßig eigentlich korrekt, am Cruz de Ferro meinen mitgebrachten Stein abgelegt habe. An diesem Cruz de Ferro war ich bisher ja auch noch nicht.

Mein Zimmer habe ich schon bei der Ankunft bezahlt, also nichts wie los. Ich kann mir auf der Autobahn über die Pyrenäen Zeit lassen, die Sonne geht ja in Spanien spät auf, heute, Ende April, kurz vor sieben. Das reicht locker.

Ach ja, die Pyrenäen. Jetzt ist es dunkel, bei meiner Überquerung zu Fuß war es neblig, aber ich kann mich trotzdem erinnern, wie dieses Gebirge aussieht. Es hat, jedenfalls im Bereich des Camino, deutlich mehr Ähnlichkeit mit dem Schwarzwald als mit den Alpen.

Nun wurde Hape Kerkelings Buch inzwischen verfilmt[7]. „Wer sein Buch nicht gelesen hat, muss den Film sehen. Wer es gelesen hat, auch" steht auf der Rückseite der DVD-Hülle. Eine Filmkritik hebt besonders den großen Aufwand mit vielen Original-Drehorten hervor[8].

---

6 Ich auch, Seite 57
7 „Ich bin dann mal weg", Dezember 2015. Regie Julia von Heinz. Mit Devid Striesow, Martina Gedeck, Karoline Schuch
8 http://www.filmtourismus.de/ich-bin-dann-mal-weg/

Beides stimmt, ich habe mir den Film mehr als einmal angesehen. Na ja, ich habe auch das Buch mehrfach gelesen.

Bei allem Positiven, zwei Dinge stimmen nun gar nicht. Ich akzeptiere mal, dass Hape in Saint Jean beim Start nicht durch das zielführende Tor geht, sondern davor rechts abbiegt. Sonst würde man ihn ja nur von hinten sehen. Aber dann ist da einmal die Landschaft der Pyrenäen, die spektakulär alpin aufgemotzt wurde, was nun wirklich nicht nötig gewesen wäre.

Das zweite empfinde ich als noch schlimmer. Es ist die Szene, wo Hape sich beim Aufstieg von Saint Jean zum Pass von einem Bauern im Auto mitnehmen lässt, in dem auch noch zwei Ziegen mitfahren[9]. Im Film passiert das beim Abstieg 10 Kilometer vor Pamplona. In einer Landschaft, die es dort, am sanften Abhang der letzten Pyrenäen-Ausläufer so wirklich nicht gibt. Und diese Szene war eine, die mich zum Nachlaufen des Camino motiviert hat!

Screenshot aus dem Film „Ich bin dann mal weg"

Wenn sie die richtige Landschaft zu dieser Szene suchen, sie finden ein Bild in meinem ersten Buch auf Seite 28.

Schwamm drüber. Ich komme noch im Dunkeln auf meinem Alto del Perdón an. Es ist kalt, windig und es dämmert der Morgen. Die Windmühlen

---

9 Hape Kerkeling Seite 25f

laufen heute alle, anders als beim ersten Besuch. Sie wurden durch neue, nicht größere, aber offensichtlich zuverlässigere Modelle ersetzt.

Pilgerdenkmal auf dem Alto de Perdón

Der Abstecher lohnt sich nicht nur wegen des Morgenlichts. Auch wenn schon die ersten Pilger von Cizur Menor durch die Dunkelheit hochgekeucht kommen und den Autopilger kritisch mustern. Die können ja nicht wissen, warum ich hier um diese Zeit rumstehe und woran ich denke.

Ich nehme als Erkenntnis noch mit, dass der Abstieg nach Puente la Reina immer noch steil, aber nicht mehr geröllbelastet ist, sondern wie ein richtiger Premium-Wanderweg aussieht.

Ich folge dann, natürlich immer noch im Auto, dem Camino bis Logroño, da gibt es ein verpasstes und nachzuholendes Ziel[10].

Ich will den Platz besuchen, auf dem ein Bodenmosaik das Gänsespiel darstellt.

Sie erinnern sich: Das Spiel mit den 63 Feldern, von denen manche Gänse darstellen und bei dem es gilt, gegen verschiedene feldspezifische Schikanen mit seiner Figur das Feld 63 zu erreichen. 63, weil das die ideale Jahreszahl für ein erfülltes Leben ist.

---

10 Ich auch, Seite 223

Der Tourismus-Flyer der Stadt[11] (einfacher zu finden über Suchmaschinen – „logrono gänsespiel") überschreibt das Kapitel mit „Das Gänsespiel, der Templerorden und der Jakobsweg". Und dann: „Es besteht eine Beziehung zwischen der Pilgerfahrt und dem Gänsespiel… Es heißt, dass das Spiel von den Tempelrittern erfunden wurde und dass die Templer darin ihr ganzes Wissen verbargen…"

Plaza de la Oca, Logrogño

Nun, besonders eindrucksvoll ist das im Regen nicht, aber ich merke mir die Zuordnung der Felder zu den Orten des Camino für später.

Der Zusammenhang mit dem Camino in Spanien wird nicht nur in Logrono hergestellt, er ist das verbindende Thema bei Toti Lezea. Es gäbe vielleicht eine Verbindung der Felder, besonders der Gänsefelder, mit den Stationen des Jakobswegs, möglicherweise auch Hinweise auf einen Templerschatz. Felder mit Gänsen müssen auf Orte verweisen, in denen es entweder Templer, die Jungfrau Maria oder eben Gänse gibt. Also ein historischer oder theologischer Zusammenhang, wie auch immer. Jedenfalls ein spannendes Thema und eine nette Nebenbeschäftigung für einen Pilger, der mal gerade nichts Wichtigeres zu denken hat.

11
http://www.logroño.es/wps/wcm/connect/9326f88040a2f07486acbfe9431393d2/Logron%CC%83o+GUIA+ALEMAN.pdf?MOD=AJPERES&CONVERT_TO=url&CACHEID=9326f88040a2f07486acbfe9431393d2

Ich hatte damit schon in meinem ersten Buch Probleme, die Zuordnung klappt einfach nicht beziehungsweise die Quellen sind sich nicht einig.

Auf dem Platz sind nicht alle Felder dargestellt, aber zusammen mit der Liste Toti Lezeas ergibt sich, bei einzelnen Unterschieden, die folgende Zuordnung:

5	Gares	22	Navarrete
6	Puente la Reina (Lezea)	24	Santo Domingo de la Calzada
9	Nájera	27	Burgos
10	Monreal	27	Castrojeriz
11	Eunate	32	Villasirga
12	Puente la Reina	34	Frómista
14	Cirauqui	40	León (TL: 36)
14	Santo Domingo	41	Monsacro
17	Estella	55	Ponferrada
18	San Juan de Ortega	61	Melide
19	Posada	63	Santiago de Compostela

Etwas Schwierigkeiten bereitet es mir, dass bei Toti Lezea Santiago die Nummer 54 hat, danach kommt noch der Tod und Finisterre mit der Nummer 64.

Das Feld 41, Monsacro, muss ich auf Google Earth suchen. Es ist ein Berg mit einer achteckigen Kapelle 90 Kilometer nord-nordwestlich[12] von León, also weit weg vom Camino.

---

12 344 Grad, um genau zu sein

Die Nummer 19, Posada, macht mir noch mehr Probleme, denn einen Ort mit diesem Namen gibt es nicht. Schon gar nicht zwischen Estella und Navarrete, wo er der Nummerierung nach sein müsste.

Es ist etwas Anderes: Spanisch Posada heißt auf Deutsch Gasthof, also ein Feld, das auf die vielen Herbergen verweist und auf dem Spielplan auch so gestaltet ist. Man muss im Gasthof je nach Version ein- bis zweimal mit Würfeln aussetzen.

Für meinen restlichen Camino bleiben nur die Felder 55, 61 und 63 übrig, also Ponferrada, Melide und Santiago. Da werde ich wohl keinen Templerschatz mehr finden, aber vielleicht stimmt die Zuordnung des Spiels zum Camino ja grundsätzlich nicht. Schließlich kommt das Spiel ja nicht aus Spanien, sondern vielleicht sogar aus Deutschland:

„Der „mythologische" Ursprung des Gänsespiels scheint weit in die Geschichte zurückzureichen. So kann man das seit 3000 v. Chr. überlieferte altägyptische Spiel Mehen (zu Deutsch „eingerollt"), dessen kreisrundes Spielbrett die Form einer eingerollten Schlange hat, als Vorläufer des Gänsespiels verstehen. Auch der berühmte Diskos von Phaistos wird bisweilen als Brettspiel im Stile eines antiken Gänsespiels interpretiert.

Den „modernen" Ursprung des Gänsespiels – wie man es heutzutage kennt – muss man jedoch im Europa des 15. Jahrhunderts bis 16. Jahrhunderts ansiedeln. So lautet eine Theorie, dass es erstmals im Jahre 1471 in Deutschland in Erscheinung getreten ist [4]. Belegt ist, dass um das Jahr 1580 Francesco de' Medici aus Florenz dem spanischen König Philipp II. eine besonders edel ausgestaltete Version des Spiels schenkte [5][6]. Das Spiel erfreute sich am Hofe großer Beliebtheit und verbreitete sich in der Folge über ganz Europa. So lässt sich im Jahre 1597 ein gewisser John Wolfe in London das Spiel unter dem Titel The newe and most pleasant game of the Goose registrieren. Im 17. Jahrhundert war es vor allem in Spanien, Frankreich, Italien und den Niederlanden sehr populär und es wurde nicht selten auch um hohe Einsätze gespielt."[13]

Spielplan Gänsespiel, Bookmark Verlag Meckenheim

---

13 https://de.wikipedia.org/wiki/Gänsespiel

Ich fahre weiter zu einem meiner verpassten Ziele[14]. Vor Santo Domingo de la Calzada biege ich nach Süden zum Kloster San Millan de la Cogolla ab.

Ich folge damit Carmen Rohrbach, die als einzige mir bekannte Autorin zahlreiche Umwege gemacht hat, um auch die kulturellen Highlights neben dem ausgetretenen Pfad zu sehen. Sie hat das natürlich zu Fuß gemacht, ich fahre mit dem Auto und fühle mich dabei ein bisschen mies. Aber nur ein bisschen.

San Millan de la Cogolla

Eine Besichtigung der Räumlichkeiten ist zwar jetzt, am Sonntagvormittag, nicht möglich, aber das macht nichts. Die Landschaft auf dem Weg und das Gebäude sind alleine den Umweg wert.

Es wird Zeit, ein erstes Pfeifchen zu rauchen. Ja, das mache ich immer noch.

Die Warnungen auf den Päckchen, die beeindrucken mich eher wenig. „Rauchen kann ihr ungeborenes Kind töten". Als Mann fühle ich mich davon nicht betroffen, denke ich doch. Auch die Warnungen vor Lungenkrebs sind bei Pfeifentabak fehl am Platz, schließlich inhalieren wir ja nicht.

---

14 Ich auch, Seite 223

Wenn schon, wäre eine Warnung vor Zungenkrebs, auch nicht lustig, schon besser.

Bei Zigarettenpackungen gibt es inzwischen Bildchen, die abschrecken sollen. Die Auswertungen der Statistik, hier der Einnahmen aus der Tabaksteuer, zeigen, dass es nicht funktioniert.

Ich finde das, ehrlich gesagt, eher gut. Zeigt es doch, dass die Menschen sich nicht von allem beeinflussen lassen Regulierungsresistenz ist zwar noch keine Protestkultur, aber vielleicht ein Anfang.

Ich bin gespannt, ob es bald eine Bilder-Sammel- und Tausch-Szene geben wird. Biete zwei Lungenkrebs gegen einen Stinkefuß. Das hätte doch was!

Auf dem weiteren Weg imponieren mir wieder die Montes de Oca, auch wenn ich sie heute trocken und warm durchquere. Auch das hat was. Später sehe ich von einem Rastplatz aus die Kathedrale von Burgos.

El Burgo Ranero ist diesmal nur eine Tankstelle an der Autobahn, auf den Besuch beim netten Faschistenpfarrer verzichte ich. Keine Zeit und auch nicht wirklich Lust dazu.

So nähere ich mich am Nachmittag meinem Ziel Astorga.

Weil ich schon zum zweiten Mal meine Pension vorgebucht habe und weil ich auf der Autobahn alleine bin, fühle ich mich locker und entspannt, auch wenn es fünf Euro kostet.

Die Ankunft in Astorga über die Autobahn ist weit weniger beeindruckend als vor zwei Jahren der Einmarsch über den Camino. Ich denke, es ist gut, dass ich nie einen Streckenabschnitt gesehen habe, bevor ich ihn gelaufen bin.

Es gibt drei große Parkplätze nahe der Altstadt, alle drei sind für einen längeren Aufenthalt geeignet, ich wähle, wie bereits vor zwei Jahren beschlossen, den vor dem Hauptquartier der Polizei- die werden auf mein Auto aufpassen, denke ich.

Morgen geht es dann wirklich los.

3 Astorga

Der ersparte Herbergssuchstress verschafft mir gut zwei Stunden mehr Zeit für die Stadt, verglichen mit meiner ersten Ankunft in Astorga. Da stört es mich auch nicht, dass ein starker Gewitterregen, der mich voll erwischt hat, in einen leichten Dauerregen übergeht und dass es recht kalt ist. Ich bin gut ausgerüstet und auf schlechtes Wetter auch mental eingestellt.

Meine Pension liegt direkt hinter dem Rathaus. Ich streife durch die Altstadt, den Gaudi-Palast spare ich mir. Nach einem Besuch beim Standbild des „El Caminante" spaziere ich auf der Stadtmauer und habe hier oben einen Blick auf den morgigen Weg, der mich etwas beunruhigt: Es geht offenbar geradeaus hinauf zu einem schneebedeckten Berg!

Na ja, wir werden sehen. Erst mal erkenne ich, dass ich mich korrigieren muss. Der aktuelle Bischofssitz ist in der Calle Carmen, aber die ist nicht hinter dem Rathaus[15], sondern an der Stadtmauer und es ist ein durchaus großes und imposantes Gebäude.

Plaza del Ayuntamiento, Astorga

Ich sehe schon: Meine wiederholten Besuche diverser Pilgerstätten haben einen Vorteil. Mal haben sich die Orte verändert, mal kann ich meine Perspektive korrigieren.

Am nächsten Morgen ist die angenehme Überraschung: es regnet nicht mehr! Gut, es ist kalt, so um die 9-11 Grad, aber dagegen gibt es Kleidung, gegen Hitze nicht.

Ich mache es mal kurz: den nächsten Regen erlebe ich erst 10 Tage später, bei meiner Abreise aus Santiago. Dazwischen gibt es nur abziehende Wolken, sensationelle Sonne und zunehmende Erwärmung.

Die zweite Überraschung wäre keine, hätte ich nachgedacht.

---

15 Ich auch, Seite 216

Natürlich führt der Weg nicht über den Berg, sondern zwischen den Bergen hindurch über einen deutlich niedrigeren Pass, so hat man schon im Mittelalter seine Wege geplant, eigentlich logisch. Und auch bei den noch kommenden Bergen wird das wohl so sein.

Straße in die Montes de Léon, der Camino läuft rechts parallel

Für die Fans von Tim Moore: Das neue Kloster am Ende der Stadt[16] finde ich nicht, also war er wohl doch hitzegeschädigt.

Der Anstieg von 300 Höhenmetern auf 20 Kilometer Strecke ist kaum spürbar und eigentlich nur daran zu erkennen, dass der Blick zurück ein zunehmend eindrucksvolles Panorama mit den Türmen von Astorga in der Mitte bietet. Etwa alle fünf Kilometer geht es durch kleine Dörfer, die alle mindestens eine Bar, also einen Kaffee bieten. Die Straße, die parallel zum Camino in einigen Metern Entfernung verläuft, ist praktisch nicht befahren, außer von einzelnen Fahrradpilgern.

Jetzt muss ich doch mal ein fremdes Bild einfügen und zitieren, es stammt aus meinem ADAC-Reiseführer und zeigt den Blick von Astorga auf die

---

16 Tim Moore Seite 261

Berge, in die Richtung, die der Weg einschlägt[17]. Der Hammer ist die Bildunterschrift: „Vor uns türmen sich bereits die Montes de León auf". Also „Auftürmen" stelle ich mir doch etwas dramatischer vor.

Die Montes de León im ADAC-Reiseführer

Durch das Dorf El Ganso bin ich eher achtlos durchmarschiert. Erst später fällt mir wieder mein literarisches Vorbild Toto Lezea ein. Deren Protagonisten leben längere Zeit hier, sammeln Kräuter, kochen Essenzen, philosophieren und überlegen, ob der Ort ein Feld des Gänsespiels ist, wegen des Namens[18]. Den späteren Weitermarsch nach Ponferrada empfinden sie als extrem anstrengend.

Sagen sie jetzt nicht, Gans hieße spanisch doch Oca, das stimmt natürlich, aber Ganso geht auch.

Ich habe mir vorgenommen, nicht bis zur Erschöpfung, die am Nachmittag droht, zu laufen, sondern immer eine längere Pause gegen Mittag zu machen, um dann nochmal eine längere Etappe bis zum Abend einzulegen.

---

17 ADAC-Reiseführer Seite 133
18 Toti Lezea Seite 277ff / Kapitel „Der Sternenweg"

Heute komme ich gegen eins nach Rabanal del Camino, was heute wie früher ein klassischer Übernachtungsort ist und darüber hinaus sicher mehr als 9 Einwohner hat[19]

Dort gibt es nicht nur Bars, sondern vor der Kirche auch einen kleinen Park mit einer Mittagsschlaf-Wiese. Allerdings bin ich für einen Schlaf nicht müde genug, und so komme ich nur etwas in´s Grübeln.

Ich denke an eine Szene aus meiner Schulzeit. Es war in der 12. Klasse, damals ein Jahr vor der Abiturklasse. G 9, auch wenn man es noch nicht so genannt hat.

Am Beginn des Jahres hat unser Deutschlehrer gesagt, dass jede Woche einer von uns ein selbstgewähltes Gedicht vortragen und interpretieren solle. Bei einer solchen Auswahl, ob im Alphabet von vorne oder von hinten, war ich als „K" immer in der Mitte, und das war gut so. Ich hatte Zeit, was zu suchen und zu finden. Wobei zu bedenken wäre, dass es damals als Quelle nur die städtische Bücherei oder den Schrank meines Vaters gab.

Ich weiß nicht mehr wie, aber ich stieß auf ein Gedicht des 1925 in Oberschlesien geborenen Schriftstellers Heinz Piontek[20].

Einfache skandalöse Überlegung 1

Glück – was ist das?

Ich sage: Das Bewusstsein ist das Gegenteil.

Die Gerechten halten fest: Die Unvollkommenheit kein notwendiges Übel.

Ich weigere mich, den uns zugefügten Schmerz zu verraten.

Nur an ihm kann ich ermessen, wie frei ich bin.

Einfache skandalöse Überlegung 2

Auf den Schmerz bin ich losgegangen

---

19 Carmen Rohrbach Seite 216
20 http://heinz-piontek.de/Materialien/O_Ton

Wütend mit Wörtern

Wie Äxten.

Glück und Ritterschaft erreicht man heute vielleicht noch auf dem Luftweg.

Aber hier, den Pelz über den Wunden, mit etwas Tabak und wenig Vernunft, in groben Schuhen, zwischen Bürgerinnen schönsten Alters und Totengräbern erkläre ich, dass ich nicht mehr kämpfen will auf der Seite der Glücksritter.

Der Schmerz, der vermaledeite, bekräftigt ein aufstrahlendes Land in mir.

Ich nehme mir die Freiheit, der zu sein, der sich auf eine noch unbekannte Seite schlägt.

Dieses Gedicht hat mich damals sehr beeindruckt und so ist es immer noch. Deshalb riskiere ich auch mal das vollständige Zitat.

Ich entscheide mich, noch die 6 Kilometer bis Foncebadón, verbunden mit einem verschärften Anstieg von nochmal 300 Metern zu machen. Das ist zwar nur ein kleines Dorf, aber ein bedeutender Ort am Camino. Es soll dort heutzutage auch mehrere Herbergen geben. Weil die in Rabanal alle noch leer sind und die Zahl der Mitpilger überschaubar klein ist, denke ich, dass ich dort ein Bett finden werde. Und für den Notfall schleppe ich ja außer dem Schlafsack auch einen Biwaksack mit.

Da kann ich nebenbei noch die vorhin angedeutete Geschichte zum Thema Gymnasialzeit, also G 9 und G 8 erzählen.

Dass ich selbst anstatt regulär 9 Jahre 10 Jahre auf dem Gymnasium war, habe ich ja schon in Cizur Menor erzählt[21]. Später, als ich Stadtrat und Fraktionschef der Freien Demokraten in Donaueschingen war, kam die Diskussion auf, die Gymnasialzeit auf 8 Jahre zu verkürzen. Um sie europäischen Standards oder den Beitrittsländern aus dem Nahen Osten Deutschlands anzugleichen, oder so ähnlich. Ich gebe zu, ich war dafür. Mit der seinerzeit noch frischen Erfahrung, dass mein ältester Sohn in Klasse 13 nun wirklich nichts mehr für die Schule getan hat. Abischerz vorbereiten

---

21 Ich auch Seite 55

und auf die Prüfung warten, dafür ist ein Jahr doch eigentlich Verschwendung. Dachte ich. Und ich glaubte natürlich, dass man eine Verkürzung der Schulzeit gegebenenfalls durch Kürzung des Stoffs erreichen wolle, nicht durch vermehrten Stress in den Vorjahren.

Mein Denken wäre ohne Folgen geblieben, hätte nicht die Baden-Württembergische Kultusministerin Donaueschingen besucht und dabei verkündet, Städte, die das wollten, dürften das G 8 als Pilotprojekt einführen. Ja, ich bin schuld, wir haben es beantragt und Donaueschingen hat es gemacht.

Was daraus geworden ist, bleibt für mich ein klassisches Beispiel dafür, was passiert, wenn die Politik etwas beschließt, was die ausführenden Organe, die Verwaltung, nicht wollen.

Es folgt der hinterfotzige Boykott. „Wir zeigen euch, dass es so nicht geht". In diesem Fall durch Beibehaltung des Lehrstoff-Umfangs mit Verteilung auf ein Jahr weniger anstatt zur Verkürzung der Schulzeit passender Verkleinerung des Stoffs.

Zugegeben: das Argument, Abiturienten sollten volljährig sein, damit sie am Studienort ohne Mama oder Papa ein Zimmer mieten können, ist mir erst jetzt bewusstgeworden.

Aber noch was Anderes zu diesem Thema:

Zu meiner Zeit, es war 1961, gab es nach vier Jahren Grundschule eine dreitägige Aufnahmeprüfung zum Gymnasium. Da durfte ich zum ersten Mal allein mit dem Zug von Harthaus bei Neu-Germering nach München-Pasing fahren, eben zum nächsten Gymnasium.

An mehr kann ich mich nicht erinnern, aber ich weiß natürlich, dass man später solche Prüfungen für unmenschlich und unmöglich hielt und sie abgeschafft hat. Allerdings ohne einen Ersatz einzuführen. Die Grundschulempfehlung ist nicht bindend und die aufnehmende weiterführende Schule darf sie nicht sehen. Die Konsequenzen für die heutige Schullandschaft sind bekannt.

Freiheit ist nicht immer und überall möglich oder sinnvoll.

Auch wenn es, wie gesagt, nicht mehr regnet- es hat offenbar in den letzten Tagen erhebliche Niederschläge gegeben. Die fließen jetzt ab, und da kommt das Problem der gemeinsamen Trassen für Pilger und Bäche für mich erstmals zum Tragen. Teilweise weiß ich nicht, ob ich auf dem Weg oder in einem Bachbett laufe, teilweise ist das Wasser weg, aber der Weg tief schlammig. Aber von der immer gegebenen Möglichkeit, auf die parallel verlaufende Straße auszuweichen, muss ich schließlich doch keinen Gebrauch machen.

Mit zunehmender Höhe wird es dann trockener und der Weg auch wieder fotogener. Ich nähere mich gespannt dem Ort Foncebadón. Alle meine Literarischen Wegbegleiter haben dieses Dorf beschrieben. Stichworte sind „Ruinendorf" und „Wilde Hunde".

Carmen Rohrbach begegnet der letzten Bewohnerin und findet kein intaktes Haus, „selbst das Dach der Kirche war eingestürzt"[22]

„Als wir uns … dem Geisterdorf Foncebadón nähern halten wir unsere Stöcke schlagbereit. Vor unseren geistigen Augen lauern uns Hunderte von wolfartigen Hunden auf…"[23], schreibt Kerkeling.

---

22 Carmen Rohrbach Kapitel „"Von Astorga bis Ponferrada"
23 Hape Kerkeling Seite 261

„Der winzige Ort stand seit Jahrzehnten im Ruf eines Geisterdorfs…"[24], heißt es bei Petra Oelker.

Tim Moore schreibt dann bereits von „streunenden Tagestouristen", die er anstatt der vielfach beschriebenen streunenden Hunde dort vorgefunden hat[25].

Und Paulo Coelho hat es ganz besonders mit den Hunden, aber das besprechen wir morgen. Auch Shirley MacLaine.

Ich habe ich mir nach meiner Literatur vorgestellt, Foncebadón läge an einem Abhang, umgeben von Wald, einsam und trotz aller Wiederbelebungsversuche noch klein und ruhig.

---

24 Petra Oelker Seite 238
25 Tim Moore Seite 270

Die Wirklichkeit: Der Ort liegt auf einer kahlen Kuppe an der Straße, es gibt viele parkende Autos. Er bietet einen freien Blick zurück auf Astorga, aber keinen Blick auf die noch folgenden Berge. Es gibt mehrere neue Herbergen, die alle noch Platz bieten. Die erste hat auch noch ein Einzelzimmer frei. Es geht also noch ohne Buchung.

Foncebadón, Blick zurück auf Astorga

Der Blick zurück auf Astorga ist bei meinen Wegbegleitern nicht beschrieben.

Vielleicht ist es doch so, dass Pilger nicht zurückblicken dürfen[26], oder es liegt an meinem sich abzeichnenden Wetterglück. Zurückblicken werde ich noch oft, und ohne das zu tun hätte ich viele schöne Ausblicke verpasst.

---

26 Ulrich Hinse Seite 90

4 Foncebadón

Das Ruinendorf der wilden Hunde ist tatsächlich dabei, aus den Ruinen aufzuerstehen. Neben den neuen Herbergen gibt es auch bewohnte, aus den Steinen der Ruinen errichtete Häuser, und die geparkten Autos haben Tagestouristen hergebracht. Ein größerer Gebäudekomplex, auch neu und beschildert als „Europäisches Haus der Begegnung", scheint mir allerdings schon wieder leer zu stehen. Muss ich später mal recherchieren.

Wilde oder gar gefährliche Hunde gibt es nicht, der einzige Hund ist ein ganz lieber. Er lässt sich sogar mit mir fotografieren.

Der wilde Hund von Foncebadón (vorne)

Schlimmer sind da eher die Ziegen, von denen eine, von koreanischen Pilgern auf der Terrasse einer der neuen Herbergen angelockt, denen auf den Tisch springt.

Bei der Gelegenheit: Wie verstehen sie den Satz: „Mein Hund riecht gut"?

Dazu gibt es noch ein paar Pferde, einen Esel und eine Mischung. Fragen sie mich nicht, ob es ein Maulesel oder ein Maultier bzw. Muli ist.

Paolo Coelho hat hier eine Schlüsselszene seines Romans angesiedelt, den Angriff eines teuflischen Hundes auf seinen Pilger[27].

Ich frage meinen Herbergswirt nach den wilden Hunden, ¿Donde estan los perros horribiles? Und unterstelle, dass sie vielleicht im Hamburgueso Peregrino, dem Hamburger nach Pilgerart, den es bei seinem Nachbarn im Angebot hat, gelandet seien. Er seufzt, verdreht die Augen und sagt: „Coelho pasa aqui en coche", Coelho ist hier im Auto durchgefahren. Wie bitte?

Na gut, auch Shirley MacLaine braucht von León bis hierher nur drei Seiten[28], und das zu Fuß. Aber sie hat sich gut auf die wilden Hunde

---

27 Paolo Coelho Seite 126ff / Kapitel "Die Verrücktheit"
28 Shirley MacLaine Seite 170-172

vorbereitet. „Ich formte vor meinem geistigen Auge ein wunderschönes rotes Herz. Dieses Herz stattete ich mit so viel Liebe aus, wie ich aufbringen konnte, und schickte meine Visualisierung los. Ich spürte, wie das Herz zu den Hunden eilte…"[29]. Ist doch mal was Anderes als Pfefferspray, Schlagstöcke oder Wiesenhof-Bruzzler!

Also nochmal zum Europäischen Haus der Begegnung, auch als hogar europeo de encuentro oder kurz hee! bezeichnet. Es ist eine Begegnungsstätte, in der „… junge Menschen, die in einer Krisensituation stecken, wieder zu sich selbst finden sollen"[30]. Der Verein dahinter hat seinen Sitz in Breisach, also da, wo auch die Badische Sankt-Jakob-Gesellschaft angesiedelt ist. Es klingt auf der Website nach einem sehr interessanten Konzept, aber- der Buchungskalender ist genauso leer wie das Haus. Eigentlich schade.

---

29 Shirley MacLaine Seite 176
30 http://hee-ev.de/

Heute erwartet mich noch ein kurzer Anstieg zum Cruz de Ferro und dann ein langer Abstieg nach Ponferrada. Das Wetter ist schon mal ok, ich starte über dem Nebel.

Auch vom Cruz de Ferro habe ich eine Vorstellung, die aus meiner Literatur, aus Berichten und Reiseführern resultiert.

Ich erwarte einen am Weg auftauchenden und zu besteigenden Hügel, darauf einen großen, nochmals zu besteigenden Steinhaufen und darauf dann einen Holzmast, an dessen Spitze dann das eiserne Kreuz steht, eben das Cruz de Ferro, das aber eigentlich Cruz de Hierro heißen müsste, wenn wir denn hier in Spanien sind.

Am Steinhaufen und am Holzmast hängen oder liegen viele abgelegte Sorgen oder Wünsche in Form von Gegenständen oder Zetteln. Man soll einen aus der Heimat mitgebrachten Stein ablegen, sagen die einen, oder kurz vorher einen Stein zum Ablegen aufsammeln, falls es noch welche gibt, habe ich auch irgendwo gelesen.

Ein eindrucksvolles Foto hat Hape Kerkeling gemacht.[31]

Also ein wirklich toller Höhepunkt des Camino, und das nicht nur, weil es vielleicht der geographisch höchste Punkt ist.

---

31 Hape Kerkeling Seite 267

Manchmal sieht die Realität dann ganz anders aus, und manchmal ist die Realität nur eine Enttäuschung, weil hochgelobte Ziele sich als banal erweisen.

Es gibt keinen Hügel, der Steinhaufen beginnt auf Wegniveau und ist von begrenzter Höhe, keinesfalls „gute zehn Meter", Herr Moore![32].

Es ist wohl frisch aufgeräumt, der einzige Artefakt ist eine halbe Jakobsmuschel zwischen den Steinen, der Holzmast nur ein leerer Holzmast. Also leider keine „geflochtene Armbänder, alte Socken, Maskottchen, Schnürsenkel, Halstücher"[33] und auch keine blutbefleckten Geschirrhandtücher und Modellautos[34].

Der Steinhaufen ist also auch nicht haushoch, Frau Oelker[35], zu einem eventuellen Abtransport würde ein LKW genügen.

Und, ihr beiden: es ist hier auch nicht der höchste Punkt des Camino (1504 Meter), der kommt etwas später bei einem Antennenmast, dem Collado de las Antenas mit 1515 Metern.

---

32 Tim Moore Seite 274
33 Petra Oelker Seite 265
34 Tim Moore Seite 275
35 Petra Oelker Seite 263

Und jetzt nochmal zu ihnen, Tim Moore. Da kann ja wohl so Einiges nicht stimmen an ihrer Beschreibung des Steinhaufens. „Die Kehren wurden immer enger, je näher wir dem Gipfel kamen…", oder „Rechts lagen die gezackten Gipfel Galiciens…" Die lägen, könnte man sie sehen, in Marschrichtung voraus.

Immerhin ist der große Parkplatz leer und es sind auch nur vier bis fünf Pilger zu sehen. Eine sorgt wort- und gestenreich dafür, dass sie ein Foto vom Steinhaufen ohne Mitpilger machen kann.

Und die Kapelle ist verschlossen, aber ich kann durch ein Fenster hineinschauen. Da gibt es keine Graffitis mehr an den Wänden, also auch keinen Esel an Stein Nummer sechs von unten und sieben von links[36], schade, den zu finden wäre mir ein Bedürfnis gewesen, darauf hatte ich mich zwei Jahre lang gefreut!

Kann es sein, dass moderne Pilger das Spiel falsch verstanden haben und von hier Steine und andere Dinge als Souvenir mitnehmen?

Dann beobachte ich noch eine asiatische Pilgerin, die sich umdreht und einen Stein rückwärts über die Schulter auf den Haufen wirft. Eine unpassende Anleihe vom römischen Trevibrunnen-Ritual.

---

36 Tim Moore Seite 274

Shirley MacLaine erwähnt das Cruz de Ferro seltsamerweise gar nicht, oder vielleicht irgendwo anders, jedenfalls nicht zwischen Foncebadón und Ponferrada[37].

Hartmut Pönitz hat in seinem Buch ein doch beeindruckendes Bild von dem Mast, mit vielen Dingen dran. „Das Cruz de Ferro hat was", schreibt er dazu[38]. Mag sein. Für mich hat es nichts, also weiter. Mein Stein ist beim Pilgerdenkmal auf dem Alto de Perdón besser aufgehoben.

Es geht erst mal leicht bergab, der nächste Ort soll Manjarín sein, klein aber markant, wegen einer besonderen Herberge. Ein Mensch, der sich als letzten Nachfolger der Templer bezeichnet und es mit seinem Quartier zu einiger Berühmtheit in Büchern und Reiseführern gebracht hat.

Die Herberge von Tomás, so heißt der letzte Templer, liegt laut Hape Kerkeling auf einem Hügel[39], deshalb wäre ich beinahe daran vorbeigelaufen. Ich erkenne dann aber doch, dass der etwas versiffte Bretterverhau in einer Talsenke die berühmte Location ist, und laufe etwas enttäuscht trotzdem einfach nur vorbei.

Und ich bemerke, das hätte ich schon seit Foncebadón tun können, dass Taxiwerbung hier keine Besonderheit mehr ist, anders als früher vor Navarrete[40]. An jedem zehnten Baum ist eine entsprechende Visitenkarte angepinnt. Dazu kommen zunehmend viele Werbetafeln für kommende Bars oder Herbergen, teils mit Bildern von Pools und den angebotenen Nahrungsmitteln. Immerhin eine davon ist mit Protestparolen übermalt: „Weg damit! Nur Natur!"

Zumindest unter den Angeboten gehen kirchliche und kommunale Herbergen gegen die privaten unter.

---

37 Shirley MacLaine, müsste zwischen den Seiten 180 und 186 stehen
38 Hartmut Pönitz Seite 215
39 Hape Kerkeling Seiter 262/263
40 Ich auch Seite 95

Es geht nochmal bergauf zu dem erwähnten Berg mit dem Antennenmast und dann runter, 1100 Höhenmeter bis Ponferrada. Noch 25 Kilometer Strecke. Aber was für eine!

Auf diesen Kilometern hat der Camino mal tatsächlich was von einem Premium-Wanderweg. Faszinierend finde ich vor allem die grandiose Fernsicht, was am wohl einmaligen Wetter liegt. Ich kenne keine Literaturstelle, die eine solche Perspektive auf den ganzen bevorstehenden und noch den nächsten Tag beschreibt.

Erster Blick auf Ponferrada

Es läuft sich locker, es ist nicht zu steil, ein Weg für Gehen im Leerlauf ohne bremsen zu müssen. El Acebo und Riego de Ambrós sind so idyllisch wie beschrieben und erwartet, gastronomisch aber deutlich aufgewertet. Das Wasserschleppen hätte ich mir heute sparen können.

Ein Tag zum Nachdenken. Oder vielleicht doch zum verspäteten symbolischen Stein ablegen, indem ich mir Dinge vom Leib zu denken versuche, die mich in meinem Berufsalltag nerven?

Einen Versuch ist es wert, ihr ICD und OPS-Codes!

Die Institutionen, die uns Ärzte den Segen der ICD- Codes beschert haben, dürften sich, unterstelle ich, etwas Gutes dabei gedacht haben.

Für ihre Schublade mit dem unnützen Wissen:

ICD heißt International Statistical Classification of Diseases and Related Health Problems, auf gut Deutsch Internationale statistische Klassifikation der Krankheiten und verwandter Gesundheitsprobleme.

Irgendwie klingt das sicher auch für Nichtmediziner ebenso interessant wie bürokratisch. So ist es, aber auch ärgerlich und … lustig.

Dass ich am Fortschritt zweifle, der durch sogernannte Qualitätssicherungsmaßnahmen eintreten soll, habe ich ja schon in Astorga am Beispiel der evidenzbasierten Studien erzählt[41]. Im Fall ICD betrifft mich das täglich viel massiver.

Früher, da hieß das, wenn jemand beim Brotschneiden mit dem Messer abgerutscht ist, z.B. „0,5 cm lange Schnittwunde streckseitig am Mittelglied des Zeigefingers". Da war doch irgendwie klar, was das Ergebnis des Brotschneidens war. Heute heißt das „S61.0". Wenn man diesen Code in Text zurückverwandelt, kommt raus: „offene Wunde eines oder mehrerer Finger

---

41 Ich auch Seite 213

ohne Schädigung des Nagels". Das kann man statistisch natürlich besser verarbeiten, aber wozu? Die eigentlich wichtige Information geht verloren.

Das ernsthafte Problem mit dieser Verschlüsselung haben sie vielleicht in den Medien mitbekommen. Die Krankenkassen legen Wert darauf, dass möglichst vollständig alle Diagnosen einer Patientin erfasst werden, weil davon die Geldmenge abhängt, die sie bekommen. Krankenkassen würden Ärzte besuchen und sie bei der Diagnosenauswahl beraten. Bei mir war noch niemand.

Schön spielen kann ich aber mit den Zusatzcodes G, V, Z und A, was so viel wie gesichert, Verdacht auf, Zustand nach und ausgeschlossen bedeutet. Mein großer chirurgischer Lehrmeister hat uns Assistenten eingebläut, dass „Zustand nach" keine Diagnose sei, und er hatte damit recht. Jetzt ist dieser Quatsch Pflicht. Also könnte ich, wollte ich die Empfänger der Codes, Krankenkassen und Abrechnungsstellen, vielleicht ärgern, wenn ich bei allen Patienten locker ein Z92.9V codiere. Verdacht auf medizinische Behandlung in der Eigenanamnese. Vielleicht war der Patient früher in seinem Leben schon mal irgendwann beim Arzt. Oder bei berufstätigen Patienten Z56A. Eine nicht zusagende Arbeit ist ausgeschlossen.

Mein absoluter Favorit sind aber die Codes für Bissverletzungen. Da gibt es unter dem entsprechenden Stichwort „Bisse durch": Arthropoden, giftige Seeschlange, giftige Echse, giftiges Insekt, giftiges Meerestier, giftige Amphibie, Menschen, Reptil, Sandfloh, Skorpion, Tausendfüßler und Trombicula-Larven[42]. Und dann kommt ein Patient zu mir mit einem Hundebiss!

Ok, den Hundebiss gibt es auch, aber eben nicht unter „Bisse durch", sondern extra als „Hundebiss". Da muss man draufkommen, kein Problem, Schreibtisch und Bürokratie ist ja viel wichtiger als Arbeit an und mit Menschen. Aber die durchaus vorkommenden Verletzungen durch Katzen, Pferde und Kamele gibt es offiziell nicht. Auch Hamster und Kaninchen beißen nicht mehr. Oder sind das alles Arthropoden?

---

[42] ICD-Stamm der Praxissoftware Turbomed 2016

Ich bin inzwischen ein gutes Stück weitergekommen. Mein Stein ist weg, ich genieße die Landschaft und die Vegetation.

Die OPS-Codes, Operationen- und Prozedurenschlüssel, ebenso lustig, lästig und schwachsinnig, besprechen wir vielleicht später einmal, falls der Weg weit genug und langweilig sein wird.

In Molinaseca gibt es eine nette Bar mit einer Wiese am Fluss. Auch vielversprechende Herbergen, aber ich will noch weiter bis Ponferrada. Noch 8 Kilometer- auf der Landstraße.

Und auch noch lange durch die Stadt. Ausgerechnet am Schluss versagt mir mein Smartphone beziehungsweise Google Maps den Dienst und ich werde etwas orientierungslos. Aber das Zurückbesinnen auf traditionelle Methoden hilft: Einen Eingeborenen nach dem Weg zur Plaza del Ajuntamiento, zum Rathausplatz fragen!

Dort habe ich, heute wieder etwas unpilgermäßig, ein Quartier vorbestellt.

5 Ponferrada

Ponferrada, die letzte Großstadt vor Santiago, wird ambivalent beschrieben. Für die einen ist es eine schmutzige Industriestadt, für die Anderen ein wichtiges Zentrum des Camino. Ich bin schon wieder gespannt.

Mir geht der Name der Stadt nicht mehr aus dem Kopf, seit ich bei Tim Moore gelesen habe, dass seine Kinder ihn dort mit dem Spruch „Hallo Mudder, hallo Vadder, jetzt sind wir in Ponferrada" begrüßt haben. Das ist so ein kleiner, eigentlich blöder Ohrwurm, der sich immer wieder mal meldet.

Irgendwann hat er mich besonders genervt, nämlich als ich darüber nachdachte, wie es wohl auf Englisch, also im Originaltext, heißt. Da müsste sich „Father" irgendwie auf „Ponferrada" reimen. Also den Originaltext auf den Tolino geladen: „Hello Mudder, hello Farder, here I am in Ponferrada!"[43]. Das hilft jetzt nicht wirklich weiter. Was bitte ist ein „Farder"? Ich weiß es nicht. Es gibt im Wörterbuch nur „fader - Schieberegler", und danach „farther - weiter entfernt". Wahrscheinlich ist farder irgendein obskurer altenglischer Dialekt oder- einfach eine Erfindung des Autors?

Und auch Paulo Coelho brennt mir den Namen in's Hirn. Nachdem sein Held sich vom Waterboarding notdürftig erholt hat, wird er von einem wilden Hund angefallen und muss dann, Wunden kaum verheilt, ein umgestürztes Riesenkreuz aufrichten, alleine, versteht sich, es ist ja alles eine Prüfung. Die Geschichte endet nach vielen Seiten und neuen Wunden mit der Ermunterung des Betreuers „Sehr gut. In Ponferrada wechseln wir die Verbände"[44]. Hier treibt er seinen Helden in der Templerburg zum Höhepunkt, eine hochdramatische geheime Verleihung irgendeiner Ritterwürde oder so etwas Ähnliches in den dunklen Tiefen der Templerburg, die das kulturelle Zentrum der Stadt und für Pilger ein Höhepunkt des Weges sein soll.

Shirley MacLaine läuft zu großartiger Form auf, Tim Moore deutet das so an: „Und Shirley verlor in Ponferrada völlig den Verstand. Auf sechzig Seiten beschreibt sie eine Vision, die sie in ihrem Hotelzimmer hatte. Sie

---

43 Spanish Steps, Tim Moore, Random House London 2004, Chapter Twelve
44 Paulo Coelho Seite 221, Kapitel „Befehlen und Dienen"

brachte eine männliche Shirley in einem Tank voll goldener Flüssigkeit hervor, während Außerirdische Kristalle -aus Atlantis- über den Himmel transportierten. „Ich hatte absoluten Kaliummangel", erklärt sie später"[45].

Aber erst mal ein anderes Thema.

Aus meinem Fenster sehe ich auf den Rathausplatz, und da gibt es ein altes Stadttor mit einem Turm. Das ist noch nichts Besonderes. Auch dass die Pizzeria, die in dem Gebäude untergebracht ist, Trastevere heißt, so wie das Stadtviertel in Rom, das kann man gelten lassen. Jenseitiger des Tibers geht ja kaum.

Nein, das Auffallende ist das Zifferblatt der Turmuhr. Das hat römische Ziffern, und hier ist die römische vier als IV dargestellt. Was daran besonders sein soll? Na, dann schauen sie sich mal in ihrer Umgebung die Uhren mit römischen Ziffern an; sie werden immer eine IIII finden. Die IV in Ponferrada ist meine erste.

Es gibt zu diesem Thema einen Haufen Erklärungen. Vom Argument der Tradition (erst im Mittelalter kam die IV auf) über das Zeichen des römischen Gottes Jupiter (IV), also christlich unmöglich, bis zu besserer Symmetrie und Gussformsparen. Ich finde auch die Erklärung, dass die so

---

45 Tim Moore Seite 283, Shirley MacLaine Seite 187 ff

genannte Subtraktions-Schreibweise erst spät aufgekommen sei, was mir nicht plausibel erscheint, denn die neun wird ja immer so dargestellt, X minus I, also IX. Die netteste Begründung ist: Weil es Ludwig dem XIV., dem Sonnenkönig Frankreichs, so gefiel[46]. Aber warum ist es hier anders? Hat es was mit den Templern zu tun? Nein, der Turm stammt aus dem 16. Jahrhundert…

Nach meiner Rückkehr nach Donaueschingen wird mir diese Geschichte noch einen gewissen Frust bereiten. Die Uhr der evangelischen Christuskirche, meiner Kirche, also der Kirche, an der ich zumindest oft vorbeilaufe, hat auch eine IV, und das ist mir 30 Jahre lang nicht aufgefallen.

Im Kreml in Moskau gibt es übrigens auch eine IV. Eine Gemeinsamkeit von Evangelischen und Kommunisten, wenn auch nicht mit Templern? Aber an der Simultankirche in Biberach an der Riß gibt es auch eine IV. Was eine Simultankirche ist? Nun, eine von Katholiken und Protestanten gemeinsam benutzte Kirche. Gibt es öfter als man denkt, in Deutschland 64, in Baden-Württemberg vier und in Bethlehem und Jerusalem jeweils eine. Früher hatten beide Konfessionen ihre eigenen Kerzen, heute noch haben sie getrennte Putzeimer, sagt man.

---

46 https://de.wikipedia.org/wiki/Zifferblatt

Dann gibt es noch einen interessanten Brunnen vor der Kirche, der Basilika Nuestra Señora de la Encina. Der erste Teil des Namens ist klar, die bekannte Jungfrau. Aber Encina?

Es heißt Steineiche, und dahinter muss ja irgendeine interessante Geschichte stecken. Na ja, sie ist eher unspektakulär: Beim Fällen einer Eiche fanden Templer im Baum eine Marienstatue. Wie ist die da reingekommen?

Vielleicht so wie beim Balzer Herrgott im Schwarzwald. Da hat ein Baum eine Figur umwachsen. Wenn sie mal von Furtwangen oder Gütenbach dorthin wandern, kommen sie an einem aus dem Fernsehen berühmten Schwarzwaldhof vorbei, aber den werden sie nicht erkennen, wenn sie nicht danach suchen. Er wird wohl immer vor den Dreharbeiten vom SWR aufgehübscht. Aber das nur nebenbei.

Es ist inzwischen 10 Uhr morgens geworden, und da öffnet die Templerburg.

Die Templer habe ich wohl schon mehrfach erwähnt, ohne zu erklären, wer die denn waren. Dafür haben das fast alle literarischen Vorbilder gemacht. Carmen Rohrbach auf Seite 200, Paulo Coelho auf Seite 375, Joan Fiol Boada Seite 121, Hartmut Pönitz 214, Tim Moore 282 und bei Ulrich Hinse handelt das ganze Buch davon.

Also Kurzfassung: Die Templer waren ein mittelalterlicher Ritterorden, der, nachdem er im Nahen Osten nicht mehr gebraucht wurde, sich dem Schutz der Pilger auf dem Jakobsweg verschrieben hat. Sie wurden durch Schenkungen sehr reich, erfanden den Geldtransfer, bauten achteckige Kirchen und eckten schließlich bei Papst und Kaiser an. Die beiden erfanden dann die konzertierte Polizeiaktion und zerschlugen den Orden an einem Freitag, der ein dreizehnter war, womit nebenbei auch das mit dem Unglückstag geklärt ist.

Und jetzt rein in die Templerburg. Sie ist- na ja. Ein restauriertes Gemäuer, vieles ergänzt durch neue Mauern, in den Mauern Konferenzräume und Ausstellungen eher kleinerer Art. In dem Kellerraum, den ich als Schauplatz Paulo Coelhos identifiziere, stehen viele Stühle vor einer Leinwand und an der Decke baumelt ein Beamer. Auch zum Konferenzraum umgewandelt.

Carmen Rohrbach trifft es mit ihrer Beschreibung: „... insgesamt scheint mir die Anlage nun sehr gekünstelt und restauriert zu sein. Der Geist der Templer wohnt nicht mehr in dieser Feste"[47].

Immerhin bietet der Burghof einen Blick auf den Río Sil und die für die Stadt namensgebende, weil mit Eisen verstärkte Brücke, wenn es denn noch die mittelalterliche sein sollte.

Ja, Städte liegen an Flüssen, jedenfalls oft oder sogar meistens. Wenn der Fluss nicht groß genug war, um eine Anbindung an das Verkehrsnetz der Wasserstraßen zu ermöglichen, so war er doch zumindest hilfreich als Abwasser- und Müllbeseitigungs-System.

Eine Ausnahme ist Mailand, das vielleicht deshalb nicht am Po oder wenigstens am Ticino liegt, sondern deutlich daneben, weil das Gebiet der Flüsse zu sumpfig war. Aber das ist eine andere Geschichte.

Die Lage der Städte an Flüssen hatte für die jeweiligen Herrscher den Vorteil, dass sie eine Brücke bauen und für deren Benutzung Wegzoll verlangen konnten.

---

47 Carmen Rohrbach Kapitel „Von Astorga bis Ponferrada", letzter Absatz

In diesen Rahmen fällt die Geschichte von der Gründung meiner Geburtsstadt München, die zwar nach neueren Forschungen so nicht stimmt, aber trotzdem zeitlos nett ist.

Herzog Heinrich der Löwe wollte eine Stadt gründen und baute deshalb da, wo heute München steht, eine Brücke über die Isar. Leider blieben die Handelszüge aus, weil es nämlich etwas nördlich, in Föhring, schon eine Brücke gab, die dem Erzbischof von Freising gehörte. Der wollte natürlich nicht auf seine Einnahmen verzichten. So kam es, dass diese Brücke eines Tages oder Nachts abbrannte oder abgebrannt wurde, was die Handelswege dann nach München verschob.

Mit Burgbesichtigung und dummen Gedanken im sonnigen Burghof ist es heute schon nach zwölf geworden, bevor ich weiterkomme. Das macht aber nichts, ich habe heute ohnehin nicht viel vor. Ich muss die kommenden Etappen koordinieren.

Wenn ich nicht eines Abends auf dem O Cebreiro-Pass landen will, sondern den überqueren, dann ergibt das Übernachtungen in Cacabelos und Vega de Valcarce. Damit bleibt für heute sozusagen ein kurzer Anlauf vor der nächsten größeren Herausforderung. Nur 16 Kilometer.

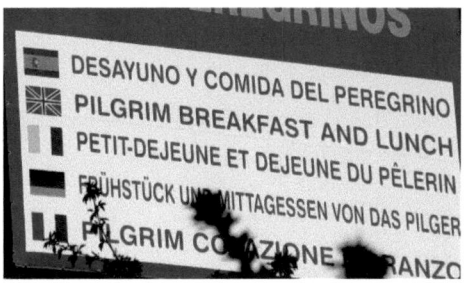

Der Weg aus Ponferrada hinaus ist eher parkmäßig als großstädtisch, nichts von „schmutziger Industriestadt", wie mehrere meine literarischen Wegbegleiter das beschreiben. Das letzte Gebäude ist ein ziemlich alleinstehendes, großes neues Hotel, das mit einem fast gleichgroßen Plakat um Pilger wirbt; mit Sonderpreisen und „... Mittagessen von das Pilger".

Nichts wie weiter, sonst hauen die mich in die Pfanne. Es scheint mir sowieso keine besonders gute Geschäftsidee zu sein, ein Pilgerhotel an das Ende einer Etappenstadt zu bauen.

Auf dem ebenen, sonnigen Weg durch Felder und Gärten liegen die drei Dörfer Columbrianos, Fuentes Nuevas und Camponaraya. Drei Dörfer, drei Bars, ein Bier und zwei Café con Leche.

Es ist auch mal wieder, sorry Herr Hinse, Zeit für einen Blick zurück. Diesmal zum Sendeturm auf der inzwischen weit entfernten und jetzt horizontbildenden überwundenen Bergkette.

Vor Cacabelos steht die bisher größte Werbetafel für eine Herberge, sie lädt mehrsprachig zum Swimmingpool ein. Es klingt alles eher reißerisch als verlockend.

Aber am Ortseingang lockt ein schattiger Innenhof meine Schritte nach rechts. Es ist ein Hotel mit Museum und Shop für einheimische Agrarprodukte und Souvenirs, alles aber kein Ramsch, sondern Qualität. Hierbleiben? Schön, aber sicher zu teuer. Mal fragen? Kann nicht schaden. Also: Es gibt leider nur noch ein Zimmer, das größte und schönste, mit Whirlpool und so weiter.

Aber es sei ja schon nach fünf, da komme sicher kein anderer Gast mehr. Ich kann das Zimmer zum sensationell ermäßigten Sonderpreis bekommen.

Da macht es dann auch nichts, dass der Whirlpool nicht funktioniert.

6 Cacabelos

Heute steht eine lange und zweigeteilte Etappe an: Erst weiter durch die Weinbau-Hügel des Bierzo und dann durch das enge Tal des Río Valcarce bis an den Fuß der letzten Berge. Der zweite Teil wird spannend, aber dazu später.

Das Pilgern auf dem Camino verändert den Mensch. Es führt zu neuen Einsichten und Ansichten, erweitert das Bewusstsein, verändert den Blick auf das Leben und die wichtigen Dinge desselben, und so weiter. Das sind vermutlich alles Zitate irgendwelcher Vorautoren.

Bei mir hat der Camino schon was verändert: Ich habe ja schon mehrfach bereits morgens mein Smartphone gebeten, mir über buching.de oder wie das heißt für abends eine nette Pension zu reservieren. Das hat sich bewährt. Ich kann dann locker laufen, ohne Stress Pausen machen, kulturelle Ziele besuchen und abends ankommen wann ich will- alles wird leichter!

Heute kommt der nächste Gedanke, eigentlich logisch zwingend. Wenn ich schon weiß, wo ich abends sein will, warum soll ich dann nicht meinen doch schweren Rucksack dorthin transportieren lassen?

Das ist natürlich irgendwie peinlich, wo ich doch so über Jakotrans und andere Unternehmen gelästert habe, beziehungsweise über die Pilger, die solche Dienste in Anspruch nehmen[48]. Aber ich bin jetzt ja auch zwei Jahre älter, also gebe ich meinen Rucksack an der Rezeption ab, beschrifte ein Tütchen mit meinem Ziel, stecke das nötige Geld rein und hoffe, dass wir uns heute Abend in Vega de Valcarce wiedersehen. Wasser, Pfeife und Tabak sowie Nahrungsergänzung passen in meine Jacke.

So starte ich unbeschwert am Ortseingang von Cacabelos, habe die Ortsbesichtigung also noch vor mir. Geboten sei ein archäologisches Museum mit den Resten eines asturischen „Castrum Bergidum" und dann am Ortsausgang die Kapelle La Virgen de las Angustias mit einem Bild des Jesuskindes, das mit dem heiligen Antonius von Padua Karten spielt[49].

Außerdem brauche ich einen neuen Gürtel, ich kann nicht auf Dauer neben laufen, denken und fotografieren immer meine Hose hochziehen.

Das Museum ist noch geschlossen, Warten geht nicht. Ein koreanischer Kruschtladen hat tatsächlich einen neuen Gürtel für mich, und der übersteht sogar den Rest des Camino. Mehr nicht.

Die Kartenspieler-Kapelle ist auch zu. Ich schwanke zwischen dem Gefühl der Frustration wegen der geschlossenen Türen und dem Gefühl des Erfolgs wegen des Gürtelkaufs. Ich hoffe, beim Laufen kommen mir weniger banale Gedanken oder Gefühle.

---

48 Ich auch Seite 117
49 Joan Fiol Boada Seite 121

In den Bars gibt es Tapas, die vielfältigen Häppchen und für mich immer noch der einzige Höhepunkt der mir bekannten spanischen Küche. Aber dass man aus den beiden Worten ein Kreuz machen kann- das ist schon eine nette Idee.

Der Weg durch die Weinberge ist geprägt durch einige leichtere Hügel und entspannend gegliedert. Ich sehe, wo ich mittags an die Berge kommen werde, aber nicht, wo ich in einer halben Stunde sein werde, also viel zu schauen und erst mal doch wenig Anlass zum Denken.

In jedem bebilderten Buch über den Jakobsweg, auf allen Fotostrecken im Internet gibt es ein Bild einer Villa auf einem Hügel, die mit den umgebenden Bäumen das Klischee der Toskana verkörpert, und so wird das dann auch kommentiert.

Mein Beitrag dazu ist das Bild eines ringförmigen Regenbogens, das ist doch mal was Anderes.

Aber es regnet natürlich nicht, also ist es kein Regenbogen. Es ist ein Halo, der entsteht, wenn Eiskristalle in 8-10 Kilometer Höhe eine bestimmte Form und Dichte haben. Jedenfalls ist es eine seltene Erscheinung.

Eine Schulklasse auf Camino-Ausflug rennt daran achtlos vorbei.

Etwas später treffe ich einen Pilger mit einem Esel, der neben dem Weg sein Zelt aufgeschlagen hat. Er lebt davon, dass er mit seinem Tier immer den Camino hin- und zurückläuft und anderen Pilgern einen Stempel anbietet. Dafür erbittet er eine Spende., und wie man sieht, funktioniert das auch.

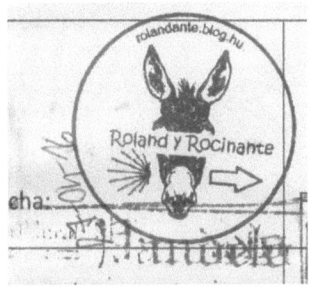

So erreiche ich nach gut sieben Kilometern die Stadt Villafranca del Bierzo, die Hauptstadt der Region, früher als die letzte Ruhemöglichkeit vor dem Anstieg, dem schlimmen Anstieg auf den O Cebreiro-Pass beschrieben. Ich glaube inzwischen, dass der schlimmste Anstieg immer der nächste Anstieg ist, und weil das der letzte ist, muss es definitiv der schlimmste sein. Aber das hat Zeit bis morgen, ich will mich auf diesen Pass erst in Vega de Valcarce einstimmen.

Laut ADAC-Reiseführer waren übrigens die Montes de León hinter Astorga die „letzte große Hürde"[50], während der O Cebreiro die „letzte Hürde"[51]ist.

Die romanische Kirche Santiago am Ortseingang links ist ebenso unspektakulär wie geschlossen, dabei hatte sie im Mittelalter eine ganz entscheidende Bedeutung.

Pilger, die zu schwach für den weiteren Weg nach Santiago waren, konnten hier die Puerta del Perdón durchschreiten und bekamen so den gleichen Sündenerlass wie am eigentlichen Ziel. Ganz so einfach war es aber wohl nicht, denn die fragliche Pforte war nicht an allen Tagen geöffnet. Nicht mal in jedem Jahr, sondern nur in den Heiligen Jahren, das sind, glaube ich, die, in denen der Geburtstag Jakobs auf einen Sonntag fällt oder irgendwas in der Art.

2016 gab es solche Gnadenpforten auch in Dijon und in Freiburg. Die beiden habe ich gesehen, wahrscheinlich waren es noch viele mehr, versteh einer die Katholiken.

Carmen Rohrbach hat mal wieder einen kulturellen Umweg gemacht, zur Kirche San Estéban in Corullón[52], und sie denkt über Fahrrad-Pilger nach. „Das Fahrrad … ist der Gegenstand, der uns bereits der Umwelt entfremdet"[53]. Das sehe ich irgendwie auch so, die Landschaft erschließt sich mir nur, wenn ich zu Fuß unterwegs bin.

Zu Toti Lezeas Zeiten sammelten sich in dieser Gegend verbrecherisch angehauchte Mönche oder als Mönche getarnte Verbrecher[54], aber den Vogel schießt Shirley MacLaine ab: „… bekam ich Durchfall von den Kirschen. Ich blieb stehen, zog meine Shorts herunter und kauerte mich nieder. In diesem Augenblick tauchte ein … Mann zwischen den Bäumen auf. Er

---

50 ADAC Seite 132
51 ADAC Seite 154
52 Carmen Rohrbach Seite 231
53 Carmen Rohrbach Seite 229
54 Toti Lezea Seite 269

wünschte sich ein Autogramm"[55]. Es ist manchmal im Wortsinn Scheiße, prominent zu sein.

Von hier führt der Weg durch ein enges Tal, das er sich mit dem Fluss und der Straße teilen muss. Es gibt über dieses Problem drastische Beschreibungen u.a. bei Hape Kerkeling: "Um den vielen Schwertransportern auszuweichen, bleiben mir manchmal nur knapp zwanzig Zentimeter Platz ... und ich blicke starr vor Schreck in das wilde, laut brodelnde Wasser"[56]. Und das ist erst der relativ harmlose Anfang seiner Beschreibung dieser Strecke.

Es existiert zumindest für den ersten Teil einen Umweg über die Berge, der Camino duro, dessen Einstieg etwas schwer zu finden ist.

Ich will ihn gar nicht finden. Ich habe zwei Bergtouren hinter mir und morgen mit dem O Cebreiro eine vor mir, also will ich die Straße erfahren, mit Hape leiden beziehungsweise einen Faktencheck machen.

Der Weg hat sich ganz offensichtlich verändert. Der Verkehr fließt heute über eine neue, gebührenfreie und deshalb auch benutzte Autobahn neben

---

55 Shirley MacLaine Seite 228
56 Hape Kerkeling Seite 295

oder über dem Tal. Ich zähle auf der alten Straße in der ersten Stunde fünf Autos. Neu ist auch der Gehweg, von der Straße durch eine Betonmauer getrennt und das Gitter, das Abstürze in die Schlucht links doch deutlich erschwert.

Der Weg ist heute also eher unspektakulär bis langweilig. Autobahngeräusche stören auch nicht, die dringen nur nach oben. Es ist also mal wieder Zeit zum Nachdenken.

Meine Erinnerung an das Ende meines Medizinstudiums und damit an einen Lebensabschnitt und an meine Zeit in Freiburg ist anders, als das wohl üblich ist.

Der große Tag des letzten, mündlichen Staatsexamens, geschniegelt im Anzug am Krankenbett, geprüft von gestrengen Professoren. Na ja, natürlich lässt die Gesellschaft nach sechs Jahren Investition einen Mediziner nicht durch's Examen fallen, das wäre Verschwendung von Steuergeldern; der kritische Punkt war das Physikum, die Prüfung nach zwei Jahren. Jetzt geht es nur noch um die Note, für die sich aber später auch eher niemand interessieren wird. Trotzdem. Eigentlich sollte ich aufgeregt gewesen sein und mich an Einzelheiten erinnern.

Aber es war der 18. Oktober 1977. Die Tage davor waren geprägt von der Entführung der Lufthansa-Maschine „Landshut" über mehrere Stationen nach Mogadischu. Irgendwie hatte ich es nicht geschafft, vor Mitternacht in's Bett zu gehen und so gegen halb eins morgens im Radio die Nachricht von der Befreiung der Geiseln durch die GSG 9 gehört. Ja, im Radio, mein Telefon hing damals an einem Kabel, das aus der Wand kam und konnte nur telefonieren.

Entsprechend war ich zum Examen dann müde, aber sehr entspannt, und das waren alle Kollegen und Prüfer auch.

So fehlt mir die Erinnerung an die Prüfung. Die setzt erst wieder ein, als wir nach dem Examen in der Mensa die Nachricht vom Selbstmord der RAF-Leute Baader, Raspe und Ensslin in Stammheim hörten.

Jetzt war ich kein Student mehr.

Aber auch der Beginn meines Studiums hat eine besondere Geschichte. Im Sommer 1972 war ich mit meiner Ente, meinem 2CV, in Griechenland, und auf der Rückfahrt zum ersten Examen hatte ich drei Tage lang kein Radio und auch keine anderen Informationsquellen.

Die Nachricht vom Terroranschlag auf die Olympischen Spiele in meiner Heimatstadt München erfuhr ich nach Mitternacht am 6. September 1972 vom österreichischen Grenzpolizisten bei der Einreise aus Jugoslawien.

Seitdem habe ich es nicht geschafft, ein neutrales oder gar positives Verhältnis zu den Palästinensern zu finden.

Nach 10 Kilometern, in Trabadelo, ist das von Hape beschriebene Café mit den vergammelten Gipsfiguren im Garten[57] noch da, aber geschlossen. Und im weiteren Verlauf ist nur einmal der Weg über einen LKW-Parkplatz bemerkenswert. Aber auch da gibt es, anders als an einigen Stellen des Camino, keinerlei Kreuze oder Gedenksteine für verunglückte Pilger.

Vega de Valcarce wirbt mit einem "Strand am Fluss", in dem Hape mit Anne geplanscht hat[58], mir ist er zu kalt, Ende April.

---

57 Hape Kerkeling Seite 298
58 Hape Kerkeling Seite 301

Außerdem verarscht mit mich Google Maps mal wieder, es führt mich auf die falsche Seite des Dorfs und es hilft wieder mal nur die Befragung eines Einheimischen, meine vorgebuchte Casa rural zu finden.

Ein Häuschen mit zwei Zimmern im ersten Stock und einem Aufenthaltsraum im Erdgeschoss. Es ist niemand zu sehen, aber die Tür ist offen, im modernen Ofen brennt ein Pellet-Feuer und mein Rucksack steht auch da.

Später erscheint Emilia, eine ältere Dame, die das Ganze betreibt und mir auch noch einen Tipp zum Abendessen gibt.

Es ist die Bar eines ihrer Bekannten, nicht schlecht, gemütlich, preiswert und von der Auswahl her das Übliche.

Ungewöhnlich und etwas überraschend ist eine Werbetafel mit Asterix-Motiven, und das ist kein Einzelstück. Es hat was mit der keltischen Tradition

Galiciens zu tun, die auf dem weiteren Weg auch durch Dudelsack-Musik präsent sein wird.

Aber natürlich stimmt das mal wieder nicht. Die Galicier berufen sich in der Tradition des Dudelsackspielens auf keltische Vorfahren, und auch die runden Häuser wie in O Cebreiro seien keltischen Ursprungs.

Im Mittelalter gab es Dudelsäcke oder vergleichbare Musikinstrumente überall in Europa, und die Häuser sind älter als die keltische Besiedelung. Und eine keltische Tradition, wenn auch bis heute ohne Dudelsack, gibt es auch im Schwarzwald[59].

Aber es ist nett, auf dem Pilgerweg Asterix zu treffen.

---

[59] Roland Kroell, Magischer Schwarzwald und Vogesen, AT Verlag Baden und München 2004

7 Vega de Valcarce

Heute kommt also der lang erwartete letzte, schlimmste, längste und anstrengendste Anstieg auf den O Cebreiro-Pass.

"Seit ihn die ersten Pilger erklommen hatten, galt der Aufstieg zum O Cebreiro ... als die kräftezehrendste Etappe des gesamten spanischen Jakobswegs"[60].

Oder: "Vor jeder Anhöhe hoffte ich... dass es nun endlich bergab ginge. Aber es kamen immer nur noch höhere Berge ... Die physische Anstrengung vertrieb meine düsteren Gedanken, und ich begann, freundschaftlichere Gefühle für mich selbst zu hegen."[61]. Das klingt nach Coelho, richtig. Wahrscheinlich ist der auch hier mit dem Auto gefahren.

Mal ein bisschen Realität frühstücken: Es sind 12 Kilometer, dabei geht es 800 Meter bergauf. Oben bleiben ist wohl wegen Herbergsmangel schlecht, denke ich, aber deshalb habe ich ja meine Etappen so eingeteilt, dass ich noch ein Stück bergab laufen kann, es müssen ja keine weitere 21 Kilometer bis Triacastela mehr werden, so wie meine primärer Reiseführer das empfiehlt und, unterstelle ich als gutgläubiger Leser, auch selbst gemacht hat[62].

Mühen des Weges: Steile Berge, schlechte Wege, Atemnot und Sauerstoffmangel auf 1000 Meter Höhe[63], Regen und Wind: Man sollte mal Reinhold Messner oder Arved Fuchs laufen lassen und sie um eine Beurteilung der Strapazen bitten. Das mit dem Sauerstoff auf 1000 Metern Höhe ist wirklich Quatsch. Die in der Fachliteratur zu findenden Werte unterscheiden sich, liegen aber immer bei 2500 bis 3000 Meter, darunter gibt es keinen Sauerstoffmangel.

Auch Hape meckert über den Weg: „... der steile Anstieg ist mit den Worten „sehr, sehr beschwerlich" immer noch unzureichend beschrieben ...die immer dünner werdende Luft [macht] das Unternehmen umso komplizierter..." und: „muss man sich ... an das Laufen ohne das Gewicht

---

60 Petra Oelker Seite 298
61 Paulo Coelho Seite 249
62 Joan Fiol Boada Seite 124
63 Petra Oelker Seite 235

des Rucksacks erst wieder gewöhnen"[64]. Nun, damit habe ich gegebenenfalls sicher kein Problem.

Auch ich lasse meinen Rucksack von Jakotrans auf den O Cebreiro bringen, das soll mir den Aufstieg erleichtern, ohne dass ich mich bereits auf ein Ziel für den Abend festlege. Ich will vom Pass noch ein Stück weiter. Aber ich habe keinen Grund, über das fehlende Gewicht zu klagen!

Ich habe schönes Wetter, Sonne, leichter Wind, so etwa 15 Grad warm, also ideal für eine solche Tour. Die Härte des Weges wird wieder einmal dramatisch übertrieben.

Es geht erst locker am Fluss entlang, ein Schild verspricht Pferde zum Ritt auf den Pass. Das wäre für mich das zweite Mal in meinem Leben, dass ich auf einem Pferd sitze.

Das erste Mal, da war ich so sieben oder acht, durfte ich auf dem Münchner Oktoberfest eine Runde in einer Arena im Kreis auf einem Pony sitzen. Es war schrecklich, das weiß ich noch. Aber ich bekomme heute keine Chance, das Trauma zu überwinden, dem Schild folgt keine Realität.

---

64 Hape Kerkeling Seite 303

Nach einem Stück Straße, die dann die Radfahrer mitnimmt, kommt ein engerer und etwas steilerer Waldpfad, der aber bald in offene Landschaft mit breiten, recht glatten Wegen mündet. Der vielfach beschriebene üble Anstieg auf den O Cebreiro sieht in Wirklichkeit so aus, wie es die Fotos vermitteln, und er fühlt sich auch entsprechend harmlos und bequem an.

Der Cola-Automat, den Tim Moores kanadischer Mitpilger umwerfen wollte, ist mit einem massiven Stahlgitter gesichert[65].

Das erleichtert die Bedienung allerdings nicht wirklich, aber erstens habe ich genug Wasser dabei und zweitens gibt es in jedem Dorf, es sind drei vor dem Pass, heutzutage eine Bar.

Oben ist es neblig, aber auch das nur kurz. Auf dem Busparkplatz, der gut gefüllt ist mit leeren Bussen, was heißt, dass der Ort gefüllt ist mit Bustouristen, scheint wieder die Sonne.

In dem kleinen Ort gibt es mehrere keltische Rundhäuser und auch eine kleine Kirche, und die ist etwas Besonderes, um nicht zu sagen: sie hat es in sich.

---

65 Tim Moore Seite 302

Dort ereignete sich im Mittelalter das „Hostienwunder", ein von fast allen Autoren beschriebenes Ereignis. Das muss also eine ganz besondere Geschichte gewesen sein.

Worum ging es? Gut, wo eine Kirche ist gibt es auch einen Pfarrer, und der soll jeden Tag mindestens eine Messe lesen. So war das auch hier. Aber eines Tages erschien, schlechtes Wetter, nur ein einziger Gläubiger zur Messe, ein Bauer, der einen weiten Weg hinter sich hatte, extra hierher zur Messe. Der Pfarrer weigerte sich, wegen eines einzigen Besuchers die Messe zu lesen. Ich maße mir nicht an, zu beurteilen ob das katholisch-kirchenrechtlich korrekt war, aber offenbar erkannte der Pfarrer das Problem auch und erklärte sich etwas widerwillig bereit, die Messe für den Landwirt zu lesen. Vielleicht tat er das dann im Stil des Engels Aloisius aus „Der Münchner im Himmel"[66], wer weiß.

Es passierte dann Folgendes: Bei der Wandlung von Brot und Wein in Fleisch und Blut Christi verwandelte sich Brot und Wein in …. Fleisch und Blut. Also nicht nur geistig, sondern richtig physikalisch. Logischerweise in Menschenfleisch und Menschenblut, denke ich mal.

Und das war es auch schon, das Hostienwunder.

Ich kapiere es nicht ganz. Es ist doch nur das passiert, woran der Pfarrer und sein Gast glaubten, nur etwas realistischer als erwartet, aber doch keineswegs revolutionär.

Etwas Anderes wäre es gewesen, hätte sich die Geschichte bei einem evangelischen Abendmahl zugetragen, das hätte die protestantische Glaubenswelt fundamental erschüttert und die Kirchengeschichte wäre anders verlaufen. Aber so war es halt nicht.

Der Kelch aus dieser Story steht in der Kirche und ist auf dem galicischen Wappen zu sehen. Der heilige Gral ist es trotzdem nicht[67].

Einer meiner literarischen Wegbegleiter beendet hier bei dieser Kirche seine Wanderung, Mission erfüllt, und beamt sich direkt in's Hotel nach Santiago.

---

66 Satire von Ludwig Thoma, 1911. Z.B.: https://www.youtube.com/watch?v=FW6P_crgp8M
67 Petra Oelker Seite 317

Nein, er fährt mit dem Bus, und ich verrate, dass es der Held Paulo Coelhos war, aber nicht, warum er hier seinen Weg abbricht[68].

Möglicherweise hat er bemerkt, dass er hier in Galicien ist und nicht in Galizien, wie er schreibt[69].

Sie haben den Unterschied nicht bemerkt? Galicien mit c ist eine Provinz in Spanien, darum geht es hier. Galizien mit z ist eine Landschaft in Südpolen bzw. der Westukraine, früher ein Königreich, wahrscheinlich auch schön und katholisch, aber eben doch eine ganz andere Geschichte.

Aber nicht nur Paulo Coelho, auch Hartmut Pönitz hat damit ein Problem[70].

O Cebreiro ist aber nicht nur Kirche und Herberge, es gibt viele Pensionen und Hotels, Souvenirgeschäfte und Touristen.

Ich habe irgendwas vergessen. Ja, wohin liefert wohl Jakotrans wohl meinen Rucksack?

Also erst mal zur Tourist-Info. Die weiß artgerecht Bescheid und schickt mich zu einem Hotel. Es ist jetzt kurz vor 12 und vor halb zwei kommt Jakotrans nicht.

Also auf zur berühmten Kirche und der Erkenntnis, dass die um 12 zu macht, also gerade eben, und erst um drei wieder zugänglich ist. Drei ist zu spät, ich muss ja noch den Berg runter um ein Quartier zu finden, vielleicht tatsächlich meinem Reiseführer folgend bis Triacastela.

Es ist kalt, und eine heiße Knoblauchsuppe und Speckeier bringen mich über den Mittag, bis tatsächlich der Sprinter mit meinem Rucksack vorfährt.

Wenn man an die verschiedenen Ernährungsgewohnheiten denkt, hat man den Eindruck, dass es keine Nahrungsmittel mehr gibt, die nicht irgendwie oder für bestimmte Personen ungesund oder gefährlich sind. Jedenfalls keine, die von Allen für unbedenklich oder gar gesund gehalten werden.

---

68 Paulo Coelho Seite 265
69 Paulo Coelho Seite 249
70 Hartmut Pönitz, Bild auf Seite 219

Und dann gibt es jemand, der isst nur noch Sachen, die es schon in der Steinzeit gab. Also Fleisch und Körner. Mit Erfolg: Er hat sein Übergewicht verloren, fühlt sich fit und wie neu geboren. Eine andere ernährt sich streng vegan, mit Erfolg: Sie hat ihr Übergewicht verloren, fühlt sich fit und wie neu geboren. Noch jemand anderes isst nur noch Fleisch und Salat, mit Erfolg: Er hat sein Übergewicht verloren, fühlt sich fit und wie neu geboren.

Leute, was soll der Quatsch? Warum esst ihr nicht einfach das, was euch schmeckt, am besten ohne darüber zu reden, zu schreiben, zu posten oder zu twittern? Vor allem, ohne euch wegen eures Futters als die besseren Menschen zu fühlen, besser und korrekter als die Falschfresser?

Dinge, die gut schmecken oder Spaß machen, können nicht ungesund sein. Das ist eine Frage der Definition des Begriffs Gesundheit.

Noch schlimmer ist der Hype mit Nahrungsergänzungsmitteln. Es gibt in Mitteleuropa keine Mangelerscheinungen. Wenn der Körper zu wenig Calcium in die Knochen einbaut, dann ist das nicht Folge eines zu geringen Angebotes, sondern eine Verwertungsstörung. Da helfen Calciumtabletten nichts. Wenn die Benzinpumpe am Auto schwächelt, dann ist es auch wurst, ob 10 oder 60 Liter Sprit im Tank sind.

Nehmt das Geld, das ihr für Ergänzungswahn ausgebt und kauft eure Lebensmittel beim Feinkostdealer anstatt im Billigmarkt, dann fühlt ihr euch fit und wie neugeboren. Das mit dem Gewicht ist nebensächlich, Hauptsache ihr fühlt euch wohl!

Also weiter. Es geht tatsächlich bergab, allerdings unterbrochen von zwei Anstiegen, die ich jetzt als tatsächlich gemein empfinde – weil sie ebenso steil wie unerwartet sind.

Anders als z.B. bei Hape Kerkeling geschildert[71] ist die Zahl der Mitpilger nach wie vor überschaubar.

---

71 Hape Kerkeling Seite 313

Zwei empfinde ich als besonders charaktervoll und taufe sie nach Asterix als Gutemiene und Verleihnix. Es ist ein britisches Paar, wie sich später in einer Bar herausstellt.

Sie haben nicht gerade die Figur von Schnellpilgern, aber ich habe Mühe, mit ihnen Schritt zu halten. Vielleicht ist mein Kreislauf mal wieder nicht voll einsatzbereit.

Heute Morgen bin ich ohne Kaffee mal wieder gar nicht in die Gänge gekommen, wahrscheinlich bemüht sich mein Blutdruck gerade, die 100-er Marke zu knacken. Das entsprechende Messgerät ist ein Opfer der Gewichtsbeschränkung auf dem Camino geworden, und außerdem würde Messen ja nichts am Wert ändern.

Ich bin wohl ein Opfer der in den letzten Jahren immer strenger, hier: niedriger gewordenen sogenannten Normalwerte. Ohne Medikamente hätte ich einen Blutdruck von etwa 160/90, was nach der Faustregel meiner Jugend in Ordnung wäre. 100 plus Lebensalter sei ok, erinnere ich mich. Heute soll ich Tabletten schlucken, wenn der Druck von unten auf die 150 schielt, und das mache ich auch brav; ich kenne die Risiken und bin dafür lieber mal morgens schlapp.

Und verdränge die schlimmen Gedanken, die mir einflüstern, dass man nicht nur mit dem Blutdruck, sondern gut auch mit dem Cholesterin, viel

Geld an Tabletten verdienen kann, wenn man die Normalwerte senkt. Aber so denkt natürlich niemand.

Auf den folgenden Kilometern gibt es nur an einer Stelle zwei Herbergen, von denen eine voll -die Mitpilger sind wohl doch zahlreicher als gedacht, aber schon aufgeräumt- und die andere nach meinem ersten Eindruck versifft ist.

Die nächste Chance heißt Fonfría und ist ein Dorf mit weniger als 50 Einwohnern, dafür viele Kühe und anderes Getier, zum Beispiel ein eindrucksvoller Hahn. Der würde gut nach Santo Domingo de la Calzada passen, aber- hier geht es ihm sicher besser als im Käfig in der Kathedrale.

Am Ortseingang steht eine volle Herberge und am Ende gibt es eine Pension, deren Wirtin sehr bedauert, keinen Platz mehr für mich zu haben. Aber während ich vor dem Haus noch warte und überlege, wo ich jetzt noch hin soll, kommt sie wieder heraus: Sie hat mit der Herberge telefoniert, die haben doch noch ein Zimmer für mich! Eine sehr nette Initiative, und auch ein guter Tipp.

Es gibt ein Gemeinschaftsabendessen und eine Unterhaltung auf Englisch mit einer Mitpilgerin, bis sich irgendwie herausstellt, dass sie aus Trier kommt und durchaus der deutschen Sprache mächtig ist.

8 Fonfría

Bisher waren alle Etappen gekennzeichnet durch irgendeinen erwarteten Höhepunkt, sei es ein Cruz de Ferro, ein Geisterdorf, eine Templerburg oder auch nur spektakuläre lange Geraden oder steile Anstiege.

Auf den nächsten sechs Etappen passiert schon in meiner Begleitliteratur wenig Spektakuläres. Es gibt definitiv kein Ereignis, das nicht ebenso gut zwischen Sarria und Gónzar wie zwischen Melide und Pedrouzo hätte passieren können. Es gibt keine wirklich größere Stadt mehr vor Santiago, die Zielorte werden irgendwie beliebig.

Einig sind sich alle darin, dass die Menge der Pilger exponentiell zunimmt, weil viele eben erst in dieser Gegend einsteigen. Die Herbergen werden größer, was aber nicht bedeutet, dass man leichter ein Nachtquartier findet. Manche Pilger, oder alle Pilger mit der richtigen Motivation, werden von Kilometer zu Kilometer durchgeistigter, aber ich?

Ursprünglich habe ich also auf diesem letzten Abschnitt des Weges mit mehreren Tagen Langeweile und Herbergsstress gerechnet. Außerdem habe ich oft genug gelesen oder gehört, dass die Gegend durch regelmäßigen Dauerregen bekannt ist. Deshalb wäre sie auch so schön grün.

Über das Thema Herbergsstress bin ich hinausgewachsen, danke Camino. Regen ist seit Tagen kein Thema, und auch über dem Atlantik ist kein Wölkchen im Anmarsch, das schöne Wetter wird mich wohl bis Santiago begleiten.

Und mit einer möglichen Langeweile sollte ich fertig werden, ich finde bestimmt noch ein paar Dinge, und seien es banale, über die ich nachdenken und schreiben kann.

Den netten Gag, anders als alle Mitpilger, jetzt die letzten 100 Kilometer, die man unbedingt nachweisen muss um in Santiago die Urkunde, die Compostela, zu bekommen mit dem Bus zu fahren lasse ich natürlich fallen. Wenn ich so weit gekommen bin, dann will ich es wissen. Meine Urlaubsplanung lässt mir, Rückreise mitgerechnet, sogar einen Tag Luft, wenn ich nicht anfange zu trödeln.

Ermutigend kommt hinzu, dass mich der Morgen wieder mit geradezu unverschämt schönem Wetter begrüßt, mit einer weiten Sicht auf Nebelfelder in den Tälern. Die werden sich wohl auflösen, bevor ich dort ankomme.

Also auf geht's.

Der Weg nach Triacastela verläuft angenehm leicht und stetig bergab, so dass ich nicht bremsen muss, sondern einfach nur locker laufen kann. Mein Rucksack ist mal wieder alleine unterwegs, nach Sarria in eine gebuchte Pension. Also alles easy, ich habe entspannte 27 Kilometer vor mir.

Hape würde jetzt wieder über Stationen seiner Fernsehkarriere erzählen. Aber hallo, das kann ich auch.

Es war 1984, im Zeitalter der großen Samstagabend- Unterhaltungssendungen, eine davon war „Auf Los geht's los" mit Joachim Fuchsberger. Da mussten die Kandidaten aus vorgegebenen Buchstaben Begriffe raten, und ich hatte es nach zwei Castings tatsächlich geschafft, dabei zu sein. Ich wusste, dass eine Hebamme herausfordernd und ein Zöllner einnehmend ist und bin am Schluss daran gescheitert, dass ich nicht darauf kam, dass ein „Eiland für Liebende" eine Verkehrsinsel ist.

Und das war es dann auch schon, das mit mir und dem Fernsehen.

Eine Bar für den ersten Kaffee steht an der richtigen Stelle. Ein Schild verbietet, die Schuhe auszuziehen, was der Wanderprofi tagsüber ja sowieso nicht tut, wenn er keine Blasen züchten will. Das Verbot hat allerdings einen anderen, speziellen Hintergrund, ich werde das noch erleben.

In Triacastela gibt es mal wieder eine geschlossene Kirche, eine gerade Straße durch den Ort, aber keine Geschäfte. Ich brauche Verpflegung. Weil mir auffällt, dass es auf der Straße keine Autos gibt, komme ich dann auf die richtige Idee: Es gibt eine Parallelstraße, da leben die Autos, und da kann man auch einkaufen.

Es muss hier ja auch den Supermarkt geben, vor dem Tim Moores Esel seinen Asthmaanfall hatte[72].

Von dem Pilgergefängnis, das Hape Kerkeling beschreibt und über dessen Notwendigkeit er philosophiert[73] sehe ich nichts.

Am Ortsende gibt es zwei Möglichkeiten, den Weg fortzusetzen. Beide sind als korrekter Camino ausgewiesen, also ist der linke, sieben Kilometer längere, kein Umweg, sondern eine Variante.

---

72 Tim Moore Seite 311
73 Hape Kerkeling Seite 313

Es ist eine Entscheidung zwischen einem Besuch der Benediktinerabtei Samos und einem als besonders schön beschriebenen landschaftlichen Genuss beim Weg über die Berge, die aber nur noch Hügel sind. Also eine Entscheidung zwischen Kultur und Natur.

Da könnte ich doch mal Tipps bei meinen literarischen Wegbegleitern holen.

Carmen Rohrbach ist wie selbstverständlich über Samos gelaufen[74], Tim Moore hat von Triacastela aus einen Ausflug mit dem Auto nach Samos gemacht[75] und lief dann über die Berge, mit einem „letzten großen Aufstieg[76]. Paulo Coelho hat sich schon verabschiedet, Ulrich Hinse läuft über Samos und siedelt da seine LKW-erwischt-mich-beinahe-Szene an[77]. Bei Shirley MacLaine weiß man nie so recht, wo sie gerade rumschwebt und Hape Kerkeling will über die Berge, verläuft sich aber im Kuhdung und landet doch in Samos[78]. Und das, wo er doch am Vorabend als Erkenntnis des Tages notierte: „Man muss nicht jeden Umweg machen"[79].

Also erst mal gut überlegen. Dass es nicht möglich sein wird, auf dem Rückweg die versäumte Variante nachzuholen, dürfte klar sein.

Und in der Zwischenzeit noch zwei Bemerkungen zu den wegweisenden Steinen.

Zum einen: die beiden Jakobsmuscheln sind gleich orientiert, sie haben also keine richtungsweisende Bedeutung, so wie das in Südbaden eingeführt wurde[80]. Und zum anderen: Ab hier sind die Entfernungen nicht mehr in den Stein eingemeißelt, sondern auf Metallschildern angebracht. Die kann man prima als Souvenir mitnehmen, und so werde ich in den nächsten Tagen viele Steine finden, an denen diese Kilometerschilder fehlen.

---

74 Carmen Rohrbach, Kapitel „Von Cebreiro nach Portomarín"
75 Tim Moore Seite 315
76 Tim Moore Seite 317
77 Ulrich Hinse Seite 251
78 Hape Kerkeling Seite 316
79 Hape Kerkeling Seite 315
80 Ich auch Seite 18

Ich entscheide mich für die Landschaft, also für den kürzeren Weg nach rechts. Außerdem ist das die historische Route[81].

Und der Weg ist wirklich schön. Die Schwere des Anstiegs ist zu vernachlässigen, und auch die zahlreichen Kühe haben nicht auf den Camino geschissen.

Ein kleiner Bauernhof hat eine bemerkenswerte Hofkapelle und Hühner, die ihren Küken das Scharren beibringen. Ein bei uns seltener Anblick.

---

81 Joan Fiol Boada Seite 128

Hofkapelle im San-Xil-Tal

Nach mehreren Waldstücken mit engen Hohlwegen folgt eine durch kleinfeldrige Landwirtschaft und Viehhaltung geprägte Gegend, abwechslungsreich gegliedert durch Hecken und Steinmauern, immer wieder auch mit Aussicht in die Ferne. Bald fehlen mir die kulturellen Höhepunkte nicht mehr.

Ich denke an meine Beziehung zur Landwirtschaft.

Ich bin sicher keiner von denen, die meinen keine Landwirte zu brauchen, weil sie ihre Kartoffeln im Supermarkt kaufen. Nein, ich hatte sogar meinen ersten Ferienjob in der Landwirtschaft. Darf ich öffentlich sagen, dass ich damals zehn Jahre alt war?

Nun, das war mal normal. Im fränkischen Hopfenanbaugebiet, wo mein Großvater als Hopfenhändler tätig war, gab es sogar extra Schulferien, damit die Kinder bei der Ernte helfen konnten.

Hopfenernte damals sah so aus: Kinder, Rentnerinnen und Saisonarbeiter saßen auf dem Feld, bekamen eine Ranke in die Hand und durften die Dolden einzeln abpflücken und damit einen großen Korb füllen. Voller Korb eine Mark. Ein Korb am Tag war für uns Kinder zu schaffen. Die Profis machten 10-12.

Allerdings dauerte es nur noch zwei Jahre, bis die erste Pflückmaschine kam. Seitdem fährt man die Ranken ins Dorf und füttert sie an die Maschine. Unromantisch, aber rationell, wie so Vieles.

Meine spätere Beziehung zur Landwirtschaft kam durch meine Zugehörigkeit zu den Freien Demokraten in Südbaden. Die machten jedes Jahr eine Veranstaltung unter dem Namen Agrarlehrfahrt, später dann Liberaler Agrar- und Verbrauchertag. Es waren Besichtigungen landwirtschaftlicher Betriebe, verbunden mit Diskussionen zu aktuellen landwirtschaftlichen Themen und danach fast immer eine Brauerei- oder Winzergenossenschaftsbesichtigung. Ein cooles Konzept, das es auch heute noch gibt.

Ich habe also viele Kuhställe, Hofläden, Forstbetriebe, Melkautomaten, Kleinbrennereien, Biogasanlagen, Ferkelzuchten und manches mehr kennengelernt. Und über die ersten 50 Jahre und Veranstaltungen eine Chronik geschrieben[82].

---

82 Michael Klotzbücher und Tilla Deter: 50 Jahre Liberaler Agrar- und Verbrauchertag der Freien Demokraten Südbaden, Books on Demand Norderstedt 2016, ISBN 978-3-7386-2861-6

Das durchaus heiße aktuelle Thema des Konflikts zwischen Monokulturen und Artenvielfalt, zwischen Landwirtschaft und Naturschutz wurde dabei schon mehrfach thematisiert.

In einem Waldstück komme ich zu einem Brunnen, der mit einer großen Jakobsmuschel verziert ist und auch in keinem Buch fehlt, sofern die Autoren eben nicht über Samos laufen[83]. Allerdings gibt es neben der großen Muschel auch noch ein kleines Schild, das darauf verweist, dass es sich bei diesem Brunnenbecken um ein Löschwasserreservoir der galicischen Forstbehörde handelt.

Vieira-Brunnen

Später komme ich an eine Stelle, wo der Camino offensichtlich geradeaus verläuft, aber ein riesiger gelber Pfeil versucht, mich nach links zu locken, wo es eine Bar gibt. Es ist ein kleiner Umweg, und es ist auch Zeit für eine Pause.

Zuerst bin ich dort mit meinem Kaffee alleine, aber dann erscheint eine mir schon bekannte Gruppe amerikanischer Studentinnen, die mich immer wieder mal überholt haben. Es war immer eine hochstimmige Geräuschkulisse,

---

83 z.B. Tim Moore Seite 318

die sich von hinten näherte und dann vor mir wieder abebbte. Die Mädels waren schnell unterwegs, warum kommen die denn immer wieder von hinten?

Na egal. Aber diesmal setzen sie sich an den Nebentisch und … ziehen ihre Schuhe aus!

Meine Empfindlichkeit auf prägnante Gerüche ist eigentlich eher gering, aber hier: Hallo Mädels, ich wünsche euch viele große Blasen!

Ich will aber jetzt nicht von meiner guten Stimmung abgelenkt werden. Also denke ich lieber an ein schönes Erlebnis, das mir meine politische Tätigkeit einmal beschert hat.

Wenn man Bundestagsabgeordneter für die Freien Demokraten werden will, hat man zwei Chancen. Vorausgesetzt, man wird in einem Wahlkreis von der Partei nominiert, aber das ist das kleinere Problem. Jedenfalls bei der FDP. Oder: es war für mich kein Problem, ich war im Kreis der einzige Bewerber um die Kandidatur.

Um dann auch gewählt zu werden, muss man entweder das Direktmandat holen, also die meisten Wählerstimmen im Wahlkreis. Das macht bei uns aber immer der CDU-Kandidat, also jedenfalls bis heute. Der Versuch, als Liberaler im ländlichen Raum Südbadens ein Direktmandat zu holen, ist aussichtslos. Der Einzige, der das in Deutschland mal geschafft hat, war Hans-Dietrich Genscher in Halle.

Die zweite Möglichkeit ist die, über die Landesliste gewählt zu werden, und das ist nur dann einigermaßen aussichtsreich, wenn man einen der ersten 5-8 Plätze auf dieser Liste bekommt, das war für mich beim ersten Antreten 1998 ebenso aussichtslos.

Also habe ich im Wahlkampf meinen Anspruch auf das Direktmandat angemeldet. Ich bin DER NEUE, wählt mich!

Das hat mir außer Gelächter von der CDU immerhin das besagte schöne Erlebnis beschert, und allein das war es wert.

Großveranstaltung in Donaueschingen, das Donaueschinger Regionalgespräch. Als Gast dabei, und jetzt nenne ich ausnahmsweise mal einen Namen, Bundespräsident Roman Herzog.

Und es begab sich, dass der Bundespräsident, meine Wenigkeit, der Oberbürgermeister und der amtierende Bundestagsabgeordnete der CDU im Wahlkreis nebeneinander zu stehen kamen. Der OB stellte mich Roman Herzog als Bundestagskandidat der FDP vor, worauf der amtierende CDU-Mann einwarf: „Der will mir mein Mandat wegnehmen!".

Darauf der Herr Bundespräsident: „Das wird ja auch mal Zeit!"

Das war wirklich ein schöner Abend.

Auf dem Rest des Wegs nach Sarria kommt von hinten eine potentiell bedrohliche Wolke herangezogen, aber die verzieht sich schnell wieder.

Ich habe genug Zeit, um in irgendwelchen kleineren Dörfern vom Kaffee zum Bier überzugehen und erreiche am späten Nachmittag ohne besondere Vorkommnisse mein Ziel.

9 Sarria

Die Stadt ist eigentlich nichts Besonderes, nur eben die letzte Großstadt vor Santiago. Sie hat, anders als die Städte zuvor, auch keine besondere Kirche aufzuweisen, auch keine Templerburg, sondern nur eine unbedeutende Ruine, aber Sarria liegt 112 Kilometer vor Santiago, und das bedeutet:

Sarria ist ein idealer Startplatz für Pilger, die mal schnell die Compostela erwerben wollen, denn dafür muss man bekanntlich nur die letzten 100 Kilometer zu Fuß zurücklegen.

Bemerkbar macht sich das in der großen Zahl von Herbergen und Pensionen, nicht nur in der Altstadt. Es sind auch abends in der Stadt deutlich mehr Pilger unterwegs als tagsüber auf dem Camino, also müssen ja wohl Neupilger sein.

Die Kirche ist eher unscheinbar, nicht nur von außen, wo es anstatt Fensterscheiben Plastikfolien gibt. Aber innen gibt es einen Check-in-Schalter für Neupilger, und ich muss da auch hin, ich will einen Stempel.

Es geht zu wie seinerzeit in Saint-Jean-Pied-de-Port. Jeder wird nach Herkunft und Absicht gefragt, also mal wieder nach religiös-sportlich-kulturell. Es gibt Anweisungen für den Weg, besonders wichtig sind die Regeln für die Stempel. Die Gangart verschärft sich. Ab sofort braucht man jeden Tag zwei Stempel, einen aus der Herberge oder halt aus dem Quartier, und einen weiteren im Laufe des Tages.

Leute, ihr nervt. Ich bin schon fast 700 Kilometer gelaufen und kann auf diese Belehrung verzichten. Aber ich gewinne eine etwas pikante Erkenntnis:

Nur mit Stempeln aus Kirchen oder Klöstern geht ab sofort gar nichts mehr. Aber mit Stempeln aus Hotels und Bars gelingt die Erlösung. War das so gemeint, Jakob?

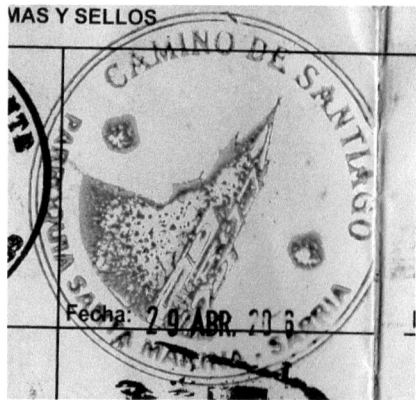

Auffallend in der Altstadt sind auch viele Neupilger, die mit Tagesrucksack und Rollkoffer ihr Quartier aufsuchen. Die haben gar nicht vor, ohne Gepäcktransport zumindest einen Teil der Strecke zu machen.

Aber die zahlreichen Pizzerien und Kebab-Restaurants machen ihr Geschäft.

Ich flüchte bald in mein Zimmer, das außerhalb der Altstadt liegt.

Am Morgen muss ich mich entscheiden, ob ich heute nach 22 Kilometern in einem größeren Ort, nämlich in Portomarín, sein möchte oder nach 30 Kilometern in einem kleinen Dorf mit fraglichen Herbergskapazitäten, Gónzar.

Mein Führer erwähnt dort die Existenz einer Herberge und beschränkt sich ansonsten auf die Beschreibung des Weges aus dem Ort hinaus, „Bar, Herberge. Am Ortsende biegen wir nach links…"[84], das klingt nicht sehr spannend. Also auf nach Portomarín!

Es geht erst ein bisschen bergauf, die Landschaft erinnert an deutsche Mittelgebirge außer Schwarzwald. Abgesehen von der Autobahn im Hintergrund sieht es eigentlich den ganzen Tag so aus wie auf diesem Bild, aber das soll keine Kritik sein, es passt schon.

Aber irgendwann führt der Weg bergab durch einen Wald und ist mal wieder eher ein Bachbett. Ich teile mir diese Strecke mit einer Gruppe junger Asiaten, die sich durch irgendwelchen Schrott auszeichnen, den sie an den Füßen tragen, also Turnschuhe, Badelatschen und solches Zeug. Entsprechend zickig bewegen sie sich hier auch, sie sind ein Verkehrshindernis.

---

84 Joan Fiol Boada Seite 130/131

Ich nehme meine Stöcke zu Hilfe und drücke auf´s Tempo. Immer geradeaus ohne Rücksicht auf Schlamm, Pfützen und Steinbrocken. So komme ich, die Mitpilger weit hinter mir lassend, aus dem Wald heraus zu einem Gebäude, an dem eine Hexe auf einem Besen prangt. Ich bin durch das berüchtigte Tal der Hexen gerannt ohne Schaden zu nehmen!

„Leute stürzen, kriegen Panikattacken oder irren über Stunden durch Wald", schreibt Hape Kerkeling über diesen Abschnitt[85]. Es ist auch der Abschnitt des Weges, auf dem Ulrich Hinses Kommissar von einem Kampfhund angefallen wird[86].

Ein neues Gebäude vor mir, im Stil der alten erbaut, hat eine Satellitenschüssel, was es sonst eher gar nicht gibt. Das muss eine Bar oder Pension

---

85 Hape Kerkeling Seite 324
86 Ulrich Hinse Seite 262f

sein, mit Landwirtschaft oder Schweinezucht wird man nicht reich. So ist es auch. Die größte Bar des Tages, aber der bisher schlechteste Kaffee.

Auch wenn ich alleine laufe und keine Kontakte zu Mitpilgern suche (ich kann nur schwer reden und laufen gleichzeitig), so gibt es doch einige Persönlichkeiten, die mir aufgefallen sind.

Zum Beispiel ein junger Deutscher, so maximal Anfang 20, der an verschiedenen Tagen vor oder hinter mir läuft oder auch in Hörweite in einer Bar sitzt. Er hat wechselnde weibliche Begleiterinnen, immer mindestens zwei, und er redet ohne Unterbrechung. Er textet seine Mitpilgerinnen regelrecht zu. Ich grinse innerlich, weil ich die Wirkung der gleichen Texte auf die gewechselte Begleitung beobachten kann.

Oder eine Gruppe ebenso junger, offenbar gemischt USA- und Taiwanpilgerinnen. Von den fünf Mädels führt eine das Wort, diesmal natürlich englisch. Es geht, und auch das wieder über zwei Begegnungen an drei Tagen, um die Frage, ob Taiwan von China unabhängig sei. Im Prinzip ja, aber in Wirklichkeit nicht, also wirtschaftlich, zum Beispiel.

Das Dumme dabei ist, dass ich mich jetzt mit der Frage beschäftige, ob irgendjemand überhaupt noch von China unabhängig ist, also wirtschaftlich zum Beispiel. Deutschland oder die USA, zum Beispiel. Oder sind wir von Taiwan abhängig und haben es bloß noch nicht gemerkt? Und warum haben diese ganzen jungen Leute nichts Besseres zu tun, als auf dem Jakobsweg Vorträge zu halten?

Ach ja, natürlich sind wir uns nicht begegnet, sowas gibt es auf dem Camino nicht. Die sind hinter mir hergelaufen und haben mich dann überholt.

Und dann war da noch die Sache mit dem Kilometerstein, auf dem 100 steht und der in allen Büchern erwähnt wird. Zum Beispiel so: „Bei Brea stand der von allen Pilgern sehnlich erwartete Kilometerstein mit der Zahl 100 … Der sicher einen Meter hohe Granitblock war mit Nachrichten in vielen Sprachen vollgekritzelt, auf seiner glatten Oberfläche lagen … kleine

Steine aufgehäuft, dazwischen klemmten Zettel mit weiteren Nachrichten"[87].

Kilometerangaben, Rest bis Santiago, findet man schon in den Pyrenäen und auf dem weiteren Weg dann gelegentlich.

In Galicien wird es systematisch. Meine Literatur berichtet übereinstimmend über „einen Stein alle 5oo Meter".

Da hat sich wieder mal was verändert. Die Steine stehen nicht alle 500 Meter, sondern an Abzweigungen und markanten Punkten, was ja auch irgendwie Sinn macht.

Sie zeigen die restliche Entfernung auf den Meter genau, also mit drei Nachkommastellen. Sofern die Schilder noch da sind, siehe Triacastela.

Und ich finde keinen mit Km 100,000, nur einen mit Km 99,930. Es ist mir zu blöd, jetzt 70 Meter zurückzulaufen und zu checken, ob es die 100 wirklich nicht mehr gibt. Es muss ja auch noch Aufgaben für Nachpilger geben.

---

87 Petra Oelker Seite 343

Nach längerem, eher gemütlichen bergablaufen sehe ich mein Ziel, beziehungsweise zuerst den Stausee, an dem es liegt.

Schön, oder? Ich hätte vielleicht doch eine Badehose mitnehmen sollen, oder zumindest ein Gummiboot.

Die kleine, gemütliche Stadt mit heute etwa 1500 Einwohnern lag am Rio Minho, na ja, da liegt sie immer noch. Allerdings wurde 1956 vierzig Kilometer südlich mit dem Bau einer Staumauer begonnen, es entstand der Belesar-See, und Portomarin wurde 1962 überflutet. Zuvor wurde die Kirche und mehrere andere historisch bedeutsame Gebäude abgetragen und oben am Hang wieder zusammengesetzt, der Rest wurde drum herum neu gebaut.

Ich bringe meinen Rucksack in mein Quartier, das oberhalb der Stadt am Hang liegt. Der Blick auf den See entschädigt für den zusätzlichen Anstieg.

Es ist noch relativ früher Nachmittag, baden kann ich nicht, das Wasser dürfte auch kälter sein, als es aussieht.

Aber die Sonne scheint warm auf die diversen Bars, die jetzt wieder Spanisch sind, anders als gestern Abend. Ich denke nochmal an die jungen Vielsprecher und erinnere mich mal wieder an was.

In meinen frühen Schuljahren war das Schlimmste für mich, vor die Klasse zu treten und etwas sagen zu müssen. Nicht wegen inhaltlicher Leere im Kopf, sondern wegen massiv flauen und unsicheren Gefühls im Bauch.

Das wurde später besser, unter anderem hat mir wohl geholfen, dass ich als Gymnasiast Nachhilfestunden gegeben habe. Übrigens ein optimaler Trick, um selber zu lernen. Ich habe den Kollegen, die zwei Jahre unter mir waren, Mathe erklärt. Nur was man anderen erklären kann, hat man selbst wirklich verstanden.

Der Gipfel der Überwindung und die letzte Vorbereitung auf eine politische Tätigkeit aber war- Laientheater spielen.

Im Klinikum Donaueschingen fand ich dazu Mitstreiter unter Schwestern, Kollegen und Medizinstudenten im Praktischen Jahr. Erstes Projekt war ein Stück, das ich in Freiburg in einem kleinen Theater gesehen hatte: „Die Raubritter vor München" von Karl Valentin. Wir spielen die Wache vor der Stadt, die eigentlich nur Eines kann: Zu den Klängen einer Marschmusik antreten, und das ist auch schon der running Gag. Die Kulissen haben wir selber gebastelt, inklusive Schilderhaus und Stadtmauer.

Das Gerücht vom bevorstehenden Überfall einer Raubrittertruppe bringt uns nicht aus der Ruhe, und so kommt, was kommen muss: Am Ende überfallen die Raubritter München. So ist das Stück, ähnlich wie Max Frischs „Biedermann und die Brandstifter", eine Parabel über die immer notwendige Wachsamkeit und wäre auch heute noch aktuell. Bei Karl Valentin ist es eine Mordsgaudi, und so war die Aufführung im „Bregtäler" in Bräunlingen auch ein schöner Erfolg.

Eine Wiederholung vor den Patienten einer Klinik für psychisch Kranke in Emmendingen war dagegen ein Flop: Keinerlei Reaktion beim Publikum.

Mehr über das Stück sage ich nicht und ich zitiere auch nichts, denn, so heißt es, niemand wäre bezüglich Urheberrecht humorloser als die Erben Karl Valentins[88]. Aber nur noch bis 2018.

Das nächste, das zweite und auch letzte Stück war ein Friedrich Dürrenmatt, aber nicht die Physiker und auch nicht der Besuch der alten Dame. Es war „Der Meteor".

Da geht es um einen Litertatur-Nobelpreisträger, der gleich zu Beginn gestorben ist. Trotzdem spielt er die Hauptrolle, denn er wiederaufersteht

---

[88] Siehe z.B. http://www1.wdr.de/archiv/urheberrecht/valentin100.html

immer, bis zuletzt. Dafür gibt es zahlreiche Todesfälle und anderes Ungemach in seinem Umfeld, bedingt dadurch, dass dieses Auferstehen nervt. So grob gesagt etwa.

Damit haben wir einen richtigen Theatersaal voll bekommen, es war ein klasse Erfolg. Besonders schön war im Vorfeld die Szene, wo wir die zwanzig Totenkränze, die wir als Requisite gebraucht und selbst gemacht hatten, in einem offenen Auto fröhlich johlend durch die Stadt gefahren haben.

Unsere Truppe hatte auch einen Namen: „Verklemmter Zwirn". Ein Hinweis auf die täglichen Widrigkeiten des chirurgischen Berufsstandes kombiniert mit den Namen der Chefärzte der Klinik.

So, jetzt noch die Kirche anschauen und dann an morgen und wieder an den Camino denken!

10 Portomarín

Am nächsten Morgen zeigt sich der See im Nebel, der sich aber wie immer schnell auflöst.

Weil ich heute Abend wieder in einem größeren Ort landen will und nicht in einem Minidorf mit unter 50 Einwohnern, habe ich eine etwas schwierige Wahl. Ich kann entweder bis nach Melide laufen, das wären satte 40 Kilometer. Oder nur bis Palas de Rei, das sind 25 Kilometer.

Also ist das eine zu lang und das andere zu kurz. Ich habe gestern Abend etwas übermütig ein Quartier in Melide gebucht, aber jetzt denke ich, Palas de Rei muss reichen. Also an's Smartphone und Pension in Melide stornieren.

Eigentlich habe ich zu diesen Geräten immer noch ein angespanntes Verhältnis. Was ist schlimmer, nerviger- ein quengelndes Kleinkind oder ein neues Smartphone?

Nun, ich habe keine gleichzeitige Erfahrung. Aber das neue Smartphone ist definitiv schlimmer, vor allem: es bessert sich nicht.

Das neue Smartphone verlangt Zuwendung. Ok, das war beim Tamagochi auch so, aber das war wenigstens zweckfrei und hat keine SMS, MMS, E-Mails usw. verschickt bzw, schlimmer, bekommen.

Der Unterschied ist: Das Kleinkind wird groß und vernünftig, und irgendwann versteht man sich. Das Smartphone wird alt, bevor man sich richtig kennengelernt und verstanden hat. Dann kommt ein Neues und die Geschichte wiederholt sich.

Aber nicht meckern, das Quartier-Umbuchen klappt wieder prima. Und danke, Melide, ihr habt die angedrohte Storno-Gebühr nie berechnet!

Dafür nervt meine Kamera. Heute Nacht muss sich irgendein Poltergeist, oder was immer es in der Art auf dem Jakobsweg gibt, an meiner Spiegelreflexkamera vergriffen haben. Sie spricht arabisch, also das Menue ist in arabischer Schrift auf dem Display. Ich erkenne diese Schrift, aber das war es dann auch schon. Also Sprache neu einstellen, aber wie und wo? Mit dem Smartphone die Bedienungsanleitung holen, im deutschen Menus die Punkte durchzählen, bedenken, dass arabisch von rechts nach links geschrieben wird und… Bingo. Da ist sogar ein kleines internationales Piktogramm, das nächste Mal geht´s besser.

Arabisch schreiben. Irgendwo im Schrank zuhause liegt noch der Kurs, den ich mir im Sommer 2015 angesichts eines gewissen Zustroms von Bevölkerung aus diesem Sprachraum gekauft und auch begonnen habe. Ich bin dann beim Schreiben an dem Problem der rechten und der linken Hand und der Schreibrichtung hängen geblieben.

Als halber Linkshänder schreibe ich deutsch allein deshalb mit der rechten Hand, weil ich mir sonst den geschriebenen Text verdecke oder je nach Schreibgerät verschmiere. Also müsste ich arabisch analog mit der linken Hand schreiben. Das geht auch deutlich besser und flüssiger als mit rechts von rechts nach links. Bevor ich was Falsches lerne, mal recherchieren, wie die Araber das machen Und peng, die schreiben mit der rechten Hand. Das ist die reine Hand. Hoffentlich bleibt sie das, wenn sie mit Tinte schreibt.

Jetzt aber los. Es scheint heute nicht besonders interessant zu werden. Mein Reiseführer braucht für die Beschreibung dieser Etappe gerade mal 16 Zeilen. „Wir folgen … einem Weg zur Straße hinauf, neben der wir hergehen…", „… wir folgen einer ansteigenden Nebenstraße, kommen auf die Hauptstraße, …", „Wir gehen weiter auf Wegen parallel zur Landstraße und kommen durch einige Dörfchen…" und dann „Wir gehen auf dem selben Weg weiter und kommen durch…"[89]. Das klingt nicht gerade spannend.

Aber was soll´s. Es geht immer leicht bergauf oder bergab, wieder durch Felder mit Steinmauern, aber auch durch Eichen- und Pinienwälder.

Gónzar, gestern bei den Überlegungen zum Zielort ausgeschieden, hat nichts Anderes verdient. Danach kommt der Ort Castromaior, was so viel wir großes Schloss oder große Burg bedeutet. Es gibt allerdings nur eine kleine Bar. Auch der Reiseführer hat für diesen Ort nicht mehr als die Erwähnung des Namens übrig.

Aber hinter dem Ort, nach einem kurzen, steilen Anstieg, dem ersten, über den es kein Gemecker in der Literatur gibt, weist ein etwas verwittertes Schild nach links und nochmal bergauf zum „Castro".

Weil ich heute relativ viel Zeit habe, mein Quartier ist gebucht, die Strecke kurz, überwinde ich mich und gehe weiter bergauf. Und finde nach wenigen Minuten eine große Ausgrabungsstätte der alten Burg!

---

89 Joan Fiol Boada Seite 131 /132

Was man auf dem Bild sieht, ist nur ein kleiner Teil der Anlage. Viele weitere Mauerreste sind zu sehen, viele andere unter Erdwällen zu vermuten. Gearbeitet wird hier heute nicht, besichtigt außer von mir auch nicht.

Dabei könnte diese Stätte ein Höhepunkt des Weges sein oder zumindest die Etappe Portomarín – Palas de Rei deutlich aufwerten.

Die Szenerie hat eine Website, und mein Browser eine Übersetzungsfunktion. Also:

„*Die Castromaior Castro ist einer der archäologischen Stätten der wichtigsten Eisenzeit Nordwesten der Iberischen Halbinsel wie die Ergebnisse der jüngsten Interventionen in ihm entwickelt demonstriert.*

Der gute Zustand der es ermöglicht eine Prüfung der konstruktiven Modelle castreños vor allem auf landwirtschaftlichen Untätigkeit, die versiegelten letzten Belegungszahlen und die anschließende Zerstörung geblieben ist. Seine Lage, nur wenige Meter von dem Camino de Santiago, bietet optimale Voraussetzungen für die Entwicklung eines Interventionsprogramms, die dieses Erbe Eigentum in eine kulturelle und touristische Ressource erster Ordnung zu verwandeln soll, basierend auf der archäologischen Forschung."

Oder, über die Beziehung zum Camino:

„*Die Französisch Weg in mehrere Stufen von den Tagen der Wanderer bestimmt unterteilt ist, einer der besser definiert ist Portomarín - Palas de Rei. Kastrieren von Castromaior ist auf einer Anhöhe mit Blick auf einen Teil dieser Stufe befindet. Der Besuch der archäologischen Stätte stellt auf seinem Weg keine Rodeo oder Ablenkung Pilger, da die ursprüngliche Route bevölkert durch eine der nördlichen Defensive Gräben Komplex castreño geht wie in der Abbildung dargestellt. Die Möglichkeit, den Besuch der Festung während der Tour des Weges macht diese archäologische Stätte auf dem Pilgerweg nach Santiago eine Dimension über eine einfache Haltepunkt erhält. Castromaior Erbe Ressource ist ein erster, dass definatly breit Ordnung und nähern uns dem Wissen unserer Vergangenheit, Wahrzeichen Wanderer auf ihrer Reise, Kennzeichnung historischen und kulturellen Charakter neben religiösen und spirituellen.*'[90].

---

90 http://castromaior.es, Google Übersetzer

Vielleicht denke ich heute Abend mal nach, was das alles bedeutet. Oder ich überlasse es ihnen, liebe Leserinnen und Leser!

Aber auch ohne jetzt wirklich zu verstehen, wo ich gelandet bin, der Umweg hat was. Oder nein, es war ja kein Umweg, keine „Rodeo oder Ablenkung Pilger", es war eher ein Gewinn, wie eine Abbildung auf der genannten Website zeigt.

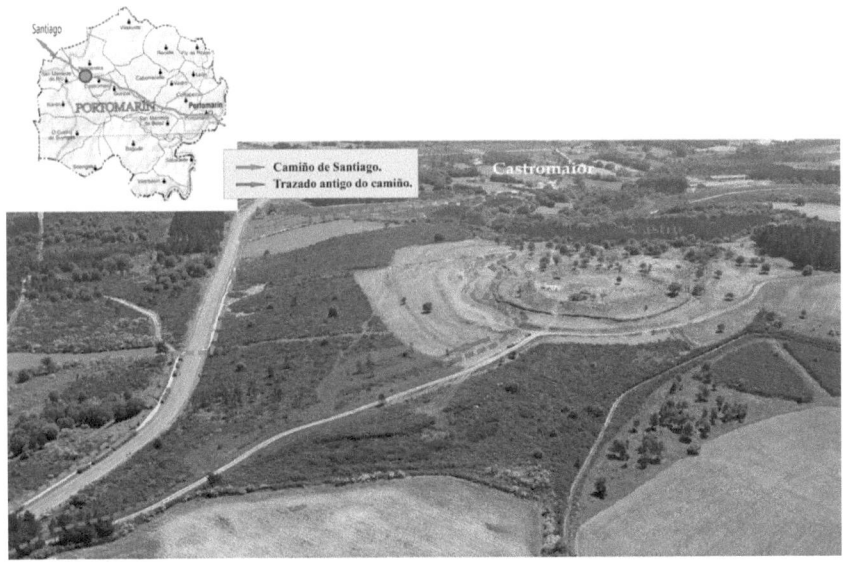

Der linke, in Pilgerrichtung rechte Weg führt an der Straße entlang, der Weg durch die Ausgrabungen danach durch den Wald, also auf jeden Fall ein Gewinn.

Die Geschichte mit dem wohl nicht so ganz ausgereiften Übersetzungsprogramm lässt mich an die Tücken des technischen Fortschritts denken. Ich habe da manchmal so meine Zweifel.

Technischer Fortschritt bedeutet mehr Komfort und vor allem mehr Sicherheit. Schön wär's, beziehungsweise es würde so sein, wenn die Nutzer des Fortschritts nicht darauf verzichteten, weiter mitzudenken.

Wenn ich mit dem Auto im Nebel unterwegs bin passiert es mir heute deutlich öfter als früher, dass vor mir ein anderes Auto ohne Rücklicht auftaucht, was nicht lustig ist. Schuld daran ist die zunehmend verbreitete, bequeme automatische Einschaltung des Fahrlichts bei Dunkelheit, die aber bei Nebel nicht greift.

Aber schon die Erfindung des Telefons hatte ihre Tücke. Anders als beim Sprechfunk war es damit möglich, dass zwei Gesprächspartner gleichzeitig reden und sich damit zwangsläufig nur begrenzt zuhören. Eher kein Problem beim Smalltalk, wohl aber beim Informationsaustausch zwischen zwei Fahrdienstleitern der Deutschen Bahn, siehe Warngau 1975.

Auch Abstandswarn-Sensoren hinten am Auto haben ihre Tücke, wenn man sich darauf verlässt. Ich habe mir schon zweimal das Rücklicht an einem Feuerlöscher im Parkhaus eingedrückt, weil der in der falschen Höhe hing. Das wäre mir ohne diese technische Hilfe nicht passiert, da hätte ich aufgepasst.

Oder medizinisch. Als ich Chirurgie gelernt habe, war die einzige technische Hilfe zum Erkennen von Krankheiten oder Verletzungen im Knie das

Röntgenbild. Das zeigt aber nur die Knochen, keine Bänder, Knorpel, Meniskus und was es da so Alles gibt. Also mussten wir uns auf die Erklärungen der Patienten und auf unser Fingerspitzengefühl verlassen. Und das hat funktioniert.

Heute macht man erst mal eine Magnetresonanztomografie, eine MRT. Da findet man immer irgendwas, was anders aussieht als es im Lehrbuch als normal beschrieben wird. Wenn ihr Chirurg oder Orthopäde dann trotzdem darüber nachdenkt, ob das, was er sieht, auch das ist, was ihnen weh tut, dann wird Alles gut. Sonst nicht.

Irgendwann gegen Mittag taucht dann rechts der erste Eukalyptuswald auf. Er ist zu klein, um schon näher thematisiert zu werden, und er fällt mir auch eigentlich nur auf, weil meine schnatternden USA-Taiwanesen, die mich mal wieder überholt haben, auf Höhe dieses Waldes plötzlich verschwunden sind. Ich stelle mir vor, dass sie auf die Bäume geklettert sind und laufe weiter.

Gibt es nach Telefonanlagen, Computernetzwerken und Heizungen[91] noch ähnliche Themen, an denen ich meine Verzweiflung an der Konfrontation mit Technik beschreiben kann?

---

91 Ich auch Seite 110, 171

Ja, gibt es. Anhängerkupplung am Auto, bzw. konkret das Problem der korrekten Verkabelung des Anhängers.

Das Ziel ist relativ einfach zu beschreiben. Wenn am Auto Licht brennt, soll das auch am Anhänger so sein, am besten das gleiche Prinzip dann noch verwirklicht an Blinkern und Bremslicht. Mit korrekter Berücksichtigung von rechts und links, von rinks und lechts. Klingt einfach. Es gibt bei den Kabeln einen Farbcode: Blinker grün und gelb, Bremslicht rot, Rücklicht braun und grau und… Masse weiß. Und damit beginnt das Problem und das Spiel.

Wenn man glaubt, diese Farben über Steckdose und Stecker korrekt verbunden zu haben, dann sollte folgendes passieren: Rücklicht funktioniert, Bremslicht funktioniert, Blinker blinken.

Dazu gibt es, nebenbei bemerkt, einen netten Cartoon von Uli Stein, der ohne Zeichnung zitierbar ist: „Geht der Blinker?" – „ja – nein -ja- nein…".

Aber jetzt bitte nicht zufrieden aufhören. Es kann nämlich sein, dass diese einzelnen Funktionen korrekt arbeiten, aber: wehe, man versucht bei eingeschaltetem Rücklicht zu blinken. Dann wird das Rücklicht dunkler und dafür blinkt das Bremslicht mit. Alle bescheuerten, aber sicher nicht korrekten und beabsichtigten, auf keinen Fall TÜV-festen Varianten habe ich schon erlebt. Der Fachmann reagiert auf solche Problemschilderungen etwas stereotyp mit dem Wort „Masseproblem", was dann immer irgendwie nach Schicksal klingt.

Um das Ganze noch etwas komplizierter zu machen, gibt es außer den genannten Grundfunktionen noch Ergänzungen. Anschlüsse für Nebelschlussleuchte, Rückfahrscheinwerfer, Strom für Licht im Pferdeanhänger oder Wohnwagen, Strom für Kühlschrank oder Batterieladung im Wohnwagen. Noch was? Nein, das reicht.

Wobei man wissen muss, dass Dinge, die nicht vorgeschrieben, aber vorhanden sind, auch funktionieren müssen. Sagt der TÜV.

Ja, viel mehr passiert heute vor dem Ziel nicht. Es gibt noch einen ehemaligen Pilgerfriedhof, der sich als grüne Wiese präsentiert und ein großes steinernes Wegkreuz, Wege und Bars, die alle schon mal da waren und sich irgendwie gleichen.

Am Ortseingang von Palas de Rei, neben einem Sportplatz und einem Schwimmbad steht eine aus mehreren Bungalows bestehende Hotelanlage. An der Rezeption im Zentralbau sehe ich viele Rollkoffer.

Für kurzfristige Last-Minute-Buchungs-Pilger gibt es Zimmer am Ende der Anlage, ebenerdig. Da kann ich meine Stiefel vor das Fenster auf die Wiese stellen.

11 Palas de Rei

Es ist jetzt Zeit, die restlichen Etappen so einzuteilen, dass ich irgendwie geordnet in Santiago ankomme. Das bedeutet für heute das Ziel Arzúa, ein Städtchen mit 6700 Einwohnern, 29 Kilometer entfernt. Die Alternativen wären Dörfer mit wieder mal jeweils weniger als 50 Einwohnern. Melide mit 8200 Menschen ist das Zwischenziel für mittags.

Für Arzúa hat mir mein Smartphone gestern Abend kein Quartier angeboten, aber in der Bar gab es Zettel mit Werbung für eine Pension Begoña und einer Telefonnummer.

Ich bereite mich vor: Wie buchstabiere ich meinen Nachnamen, meinen apellido? Ich kann das nur mit dem internationalen Pilotenalphabet, also Kilo Lima Oscar Tango Zulu Bravo Uniform Eko Charlie Hotel Eko Romeo. Wenn ich auf Spanisch erklären kann, dass ich im Pilotenalphabet buchstabiere, sollte das klappen.

Tatsächlich spricht die weibliche Stimme in der Pension nur Spanisch. Aber kein Problem. Ein Zimmer hat sie noch, meinen Vornamen versteht sie, mein Nachname interessiert sie nicht, dafür meine Kreditkartennummer. Also erinnere ich mich an die spanischen Zahlen und bin ein wenig stolz, dass es geklappt hat.

Jetzt beim Schreiben merke ich, dass ich mich auf den letzten Etappen nicht mehr wirklich daran erinnern kann, was ich wo erlebt, was ich auf welcher Etappe gesehen habe. Aber ich kann es anhand meiner Fotos rekonstruieren. Dass meine Gedanken schon immer etwas willkürlich bestimmten Weg-Abschnitten zugeordnet sind, haben sie ja längst bemerkt.

Der Weg nach Melide war unspektakulär. Ich habe ein bisschen über TTIP und Aktiengesellschaften nachgedacht, von Wetter und Wegschikanen weiß ich nichts mehr.

Das nächste Foto gibt es erst kurz vor Melide und hinter einer besonders netten Bar, es ist eine schöne Brücke.

Mit Aktiengesellschaften habe ich, im Gegensatz zur Linie meiner Partei, schon immer ein Problem. Ich habe nie verstanden, warum es in Ordnung sein soll, dass man ohne Arbeit, nur mit Einsatz von Kapital, Geld verdienen kann.

Den Widerstand im Volk gegen die geheimen Verhandlungen zwischen den USA und Europa zum Freihandelsabkommen TTIP kann ich nicht wirklich verstehen. Es ist doch so, wie auch bei Grundstückskäufen einer Stadt, einer Gemeinde: Der Stadtrat beschließt, dass Verhandlungen aufgenommen werden sollen. Natürlich werden die dann zwischen Verwaltung und Grundstückseigentümer geheim, vertraulich geführt. Aber das Ergebnis wird dann dem Stadtrat vorgelegt, und der entscheidet, ob er damit zufrieden ist, er nimmt das Ergebnis der Verhandlungen an oder er lehnt es ab.

So muss das auch mit Verhandlungen zwischen den USA und Europa sein. Die Parlamente haben den Auftrag dazu erteilt, sie haben Ziele vorgegeben und sie werden zu gegebener Zeit, also nach Abschluss der Verhandlungen, über Annahme oder Ablehnung entscheiden.

Vermutlich ist da irgendetwas entschieden, bevor meine Gedanken im Buch stehen, aber ich kann mir schon vorstellen, dass es bei den Verhandlungen etwa so zugeht wie traditionell bei Koalitionsverhandlungen zwischen CDU und FDP. Der Große versucht, den Kleinen über den Tisch zu ziehen und ihm seine Vorstellungen aufzudrücken.

Hinter der Brücke folgt eine wenig ermutigende Vorstadt mit Wohnblocks und leeren Straßen, der Asphalt reflektiert die Hitze, die heute erstmals fast störend ist. Im Stadtzentrum kann ich einkaufen, die Kirche ist nichts neues oder besonderes. Ich schaue, dass ich schnell aus der Stadt wieder herauskomme.

Aber am Ortsausgang ist wieder was los. Erst mal ein Mensch, der mit einer Herde Kühe nach Santiago pilgert; aber halt, es ist nur ein Landwirt, der mit seinen Tieren bald in einen Hof einbiegt. Hätte mich ja auch gewundert.

Dann ein Kiosk, der verschiedene Andenken anbietet, aber auch, da kann ich nicht nein sagen, einen Buff mit Pilgerstempel-Motiven. Ein Buff, das ist diese schlauchförmige Kopfbedeckung, die man auf viele versdchiedene Arten tragen kann, wenn man entweder schon weiß wie es geht, oder wenn man sein Telefon fragen kann.

Und dann noch einen Button mit der Aufschrift: „Ibuprofen – the drug of the Camino". Bisher musste ich auf diese Idee nicht zurückgreifen, aber sie hat natürlich was. Ich kann jetzt in meiner Praxis dieses Medikament ganz neu vermitteln!

Der Höhepunkt des Tages ist aber eine kleine Kirche rechts am Wegrand. Die ist nicht nur offen, es sitzt auch eine ältere Dame davor, die Stempel verteilt und dafür um eine Spende bittet, das ist ok so. Sie hat aber auch handgeschriebene Beschreibungen der Kirche, die von Schulkindern im Deutschunterricht verfasst wurden, also auf Deutsch!

Im Inneren imponiert die Architektur und mal wieder ein romanisches Taufbecken.

In Galicien riecht die Luft nach frischer Landschaft und nach sattem Grün, habe ich irgendwo gelesen. Es stimmt weitgehend.

Es stimmt leider nicht hinter dem nächsten Dorf.

Da riecht es eindeutig nach Schweinezucht, eine etwas unangenehmere Variante.

Ich kenne das aus der Heimat, aber eher als Erinnerung an früher denn als aktuelles Problem. Die Vorschriften zum Stallbau sind bei uns so streng, dass störende Gerüche nicht mehr nach draußen dringen. Hier am Camino sieht man doch noch einige Gebäude, die eher der ungepflegten historischen Tierhaltung dienen. Die Geruchsbelästigung ist also ein Problem der

Gebäudetechnik und nicht, liebe Bad Dürrheimer, der Zahl der gehaltenen Tiere.

Der Geruch wird im nächsten Wald schnell abgelöst von einem deutlich angenehmeren, nämlich dem nach Eukalyptus. Ich komme wohl so allmählich in die Gegend, in der es sehr viel Eukalyptus geben soll.

Dann wäre es Zeit, finde ich, dass hinter der nächsten Kuppe die Stadt Arzúa auftaucht, aber wie das halt so ist: Es kommt die nächste Kuppe. Später, beim Überqueren eines kleinen Flüsschens, muss ich erkennen, dass die letzte Kuppe nochmal einen steilen und längeren Anstieg bedeutet.

Ich mache eine letzte Unterbrechung in der dortigen Bar.

Hinter einem Zaun lauert mal wieder die Versuchung.

Ich kann gerade noch widerstehen. Dass die Vorstadt von Arzúa mal wieder recht lang ist- na ja, oft kann das jetzt ja nicht mehr passieren.

In der Pension sitzt die Dame, mit der ich gestern telefoniert habe. Sie hat verschiedene Zettel auf Englisch, die sie ihren Gästen vorlegt. Bezahlen gleich. Gepäck zum Weitertransport im Flur abstellen.

Ich bezahle. Da nimmt die Dame einen Radiergummi und löscht meine gestern mit Bleistift notierte Kreditkartennummer.

Jetzt wollte ich noch etwas über die Stadt Arzúa schreiben, aber leider: außer der Tatsache, dass es einen einigermaßen netten zentralen Platz neben der vielbefahrenen Hauptstraße gibt fällt mir dazu nichts ein. Meine Literatur gibt auch nichts her. Und dass Niedereschach, eine Gemeinde in meinem Landkreis, eine Städtepartnerschaft mit Arzúa hat, weiß ich noch nicht.

12 Arzúa

Endspurt! Wenn ich heute 30 Kilometer schaffe, bleibt für den letzten Pilgertag ein lockerer Spaziergang, denke ich.

Der Weg ist abwechslungsreich, es geht durch kleine Dörfer und Wälder. Es ist also meistens schattig, was bei den steigenden Temperaturen durchaus wichtig ist.

In den kleinen Dörfern sehe ich zunehmend viele Getreidespeicher, die Hórreos. Es gibt sie in allen Farben und Variationen, aber das Grundprinzip ist das gleiche:

Sie stehen auf Säulen, und in diesen Säulen gibt es runde Steinplatten, die verhindern, dass Mäuse hinaufklettern und sich am Inhalt vergreifen. Auf dem Dach steht jeweils an einem Ende ein Kreuz und am anderen ein Phallus als Symbol der Fruchtbarkeit.

Zumindest einmal finde ich auch ein als Horreo gestyltes Bus-Wartehäuschen.

In den Wäldern dominiert jetzt tatsächlich der Eukalyptus. Zunächst gibt es einzelne Bäume, verstreut im Kiefernwald, bald aber auch die viel kritisierten Plantagen: Felder mit gleich großen, sauber in Reihen stehenden Bäumen, junge und alte Anlagen, dazwischen auch mal ein abgeerntetes Feld.

Also muss ich jetzt doch mal über den bösen oder guten Eukalyptus nachdenken.

Mir fehlt mal wieder, so wie die Getreidesilos auf der Meseta, die zu den Pflanzungen passende Verwertungs-Infrastruktur. Wenn ich durch den Schwarzwald laufe, dann komme ich mindestens einmal am Tag zu einem Sägewerk, und dann weiß ich, was mit den Bäumen passiert. Hier gibt es nichts dergleichen.

Wenn der Spanier vom Eukalyptus die Blätter verwertet, also häckselt, von mir auch gerne gemischt mit Kiefern, dann auspresst und mit Zucker oder Seife vermischt, dann wäre ein Factory-Outlet für Hustenbonbons oder Badezusätze angebracht, die Pilger würden das sicher zu schätzen wissen.

Gibt es aber nicht, und Sägewerke auch nicht. Eines, morgen kurz vor Santiago, verarbeitet alle möglichen Hölzer, aber keinen Eukalyptus.

Eukalyptus wird zur Herstellung von Zellulose, also zur Papierproduktion angebaut und verwertet.

Das Magazin ZEIT ONLINE berichtet am 27. August 1983 unter dem Titel „Eukalypse Now". über große Umweltprobleme durch den zunehmenden Anbau in Spanien und Portugal[92]. Hoher Wasserverbrauch, Bodenerosion, kein Raum für Tiere und so weiter. Auch Carmen Rohrbach widmet der Eukalyptuskritik mehrere Seiten;[93] einig sind sich beide Quellen darin, dass das Übel mit dem Beitritt Spaniens in die EU 1986 begonnen habe. Die Subventionen…

Anders sieht das, wen wundert das, die verarbeitende Industrie, die in Galicien z.B. ENCE heißt und auf ihrer Website die Vorzüge des Eukalyptus in den höchsten Tönen lobt[94]. Zum Download steht eine Broschüre mit 71 Seiten bereit.

Ich bin ja nun als Pilger unterwegs und nicht als Politiker, also muss ich darüber auch nicht weiter nachdenken. Ich glaube aber mal wieder, dass die Wahrheit irgendwo in der Mitte liegt. Zum Beispiel wäre die Frage, ob der Eukalyptus besonders tief wurzelt durch einen Faktencheck klärbar. Zum Beispiel sehe ich keine riesigen Plantagen, sondern immer nur einzelne Felder. Und ich kann auch nicht erkennen, dass die Bäume bei der Ernte aus dem Boden gerissen werden, die Flächen sehen ordentlich abgeholzt aus. Was ja auch Sinn macht, denn der Eukalyptus treibt aus dem Baumstumpf von selbst neu. Jedenfalls ein paar mal.

Vermutlich ist es so wie eigentlich immer: Ein bisschen Eukalyptus in einer gemischten Kulturlandschaft ist gut, ein großflächiger Massenanbau ist schlecht. So ist es ja auch mit dem Maisanbau in Südbaden, der heute zum Füttern von Biogasanlagen auf riesigen und vor allem vielen Flächen angebaut wird und unsere Kulturlandschaft zunehmend zerstört.

Zum Glück gibt es aber den Maiswurzelbohrer, der, einmal entdeckt, zum Verbot des Maisanbaus für ein paar Jahre führt.

Und es wird warm, ja heiß. Wenn ich mal nicht im Wald bin, brennt die Sonne so richtig, ein leichter Wind macht das aber gut erträglich.

---

92 http://www.zeit.de/1993/35/eukalypse-now
93 Carmen Rohrbach Seite 562ff
94 www.ence.es

Aber halt- da war doch noch was? Keine schwere körperliche Anstrengung, Empfindsame und Senioren zu Hause bleiben, keine unnötige Bewegung im Freien, das waren doch die Warnungen bei solchem Wetter, man erinnert sich: zu viel Ozon in der Luft, Ozonalarm.

Komischerweise gibt es das nicht mehr. Entweder war es doch nicht so schlimm, oder das Ozon ist wieder da, wo es hingehört, in seinem Loch. Und wir Senioren haben das durch unseren Verzicht auf Bewegung in der Sonne erreicht, das hat doch was.

Und bei all dem nicht vergessen: Ohne Klimawandel, ohne den Rückgang der Alpengletscher, wären Dinge wie München oder Garmisch-Partenkirchen nie möglich geworden.

Auch wenn ich, vielleicht eine Wirkung des Pilgerns auf mich, deutlich gelassener geworden bin gegenüber Dingen, die mich aufregen: So ganz darüber stehe ich noch nicht. Ich kriege immer noch einen dicken Hals, wenn ich in der Rundfunkwerbung anstelle von Sprechpausen ein „minus" höre.

Und wenn der Kandidat der CDU für ein Bürgermeisteramt für sich mit dem Satz „Wissen sie, ich gehöre seit Jahren zur kommunalpolitischen Familie" wirbt, dann klingt das für mich immer noch irgendwie sizilianisch.

Das Wetter ist zu schön, die Bedingungen zu ideal um sich über täglichen Kleinkram aufzuregen, so wie ich das am Anfang meines Weges noch getan habe. Aber das Thema Idiotenapostroph muss trotzdem noch in aller Ruhe bedacht werden.

Also: Der Apostroph, das ´ heißt auch Auslassungszeichen. Weil es immer da steht, wo man einen oder mehrere Buchstaben auslässt, zum Beispiel in dem Ausdruck „Wie geht´s?". Jede andere Verwendung ist in der deutschen Sprache und Schrift falsch. Immer dann, wenn sie einen Apostroph sehen und sich nicht erklären können, was da ausgelassen ist, war ein Idiot am Werk. Das etwas derbe Wort stammt in diesem Zusammenhang aber nicht von mir, sondern von der schönen Website idiotenapostroph.de oder auch deppenapostroph.info. Sehr nette Seiten.

Schlimmer als der überflüssig gesetzte Apostroph beim Genitiv ist der falsch gesetzte. Zum Beispiel gibt es in unseren Donaueschinger Teilorten ländlicher Prägung viele Häuser, die mit traditionellen Namen bezeichnet sind, also Haus des Bäckers, des Pfarrers, des Schmieds und so weiter. Wenn da dann steht „`s Metzgers", dann passt das. Aber „s`Metzgers"? Das Glashaus. „´s Glashaus". Aber „s´Glashaus"? „Das Lädele". „´s Lädele" wäre ok. Aber was soll „s´Lädele" bedeuten?

Hoffentlich muss ich über diese Stelle nie eine Lesung machen.

Die Stadt Pedrouzo mag baulich, historisch und kulturell interessant sein, auch über ein breites Angebot an Herbergen und Pensionen verfügen, aber es nützt ihr nichts. Ich folge brav den gelben Pfeilen auf den Kilometersteinen und komme zu einem großen, mit einer hohen Mauer umgebenen Gebäudekomplex, der ein Gefängnis sein könnte, stünde davor nicht ein Schulbus und käme nicht fröhlicher Kinderlärm über die Mauern. Es ist eine Schule.

Mehr sehe ich hier von Pedrouzo noch nicht, und die Sicht ist auch begrenzt, denn der Weg führt durch den Wald, ein typisch mit Eukalyptus durchsetzter Kiefernwald. Irgendwann frage ich mich etwas besorgt, was mit der Stadt passiert ist und nochmal irgendwann habe ich dann einen Verdacht: Der Camino führt im Wald um Pedrouzo herum! Und genau so ist es. Wenn es einen Abzweig in die Stadt gab, habe ich den verpasst.

Weil ich aber sowieso nicht hier übernachten will, sondern weiter bis Labacolla, um am letzten Pilgertag nur noch zehn Kilometer bis Santiago zu haben, verschmerze ich das. Eine Bar, dringend mal wieder nötig, wird es auch im freien Gelände geben, ich bin hier ja nicht mehr auf der Meseta.

Warum lassen sich Menschen, also wir, sich bzw uns so Vieles gefallen, was Politik, Gesellschaft und Zeitgeist und bescheren?

Das Ende der Autorennen auf den Schauinsland bei Freiburg, den Verzicht auf Flugtage in Donaueschingen, die Warnhinweise auf Zigaretten- und Tabakpackungen? Dass Verfallsdatum bei Lebensmitteln? Die neuen Normalwerte bei Gesundheitsdaten? Die Sektsteuer, …

Die Ökobilanz des Bürgerkriegs in Syrien dürfte im Vergleich zu der des Freizeitverhaltens deutscher Mittelständler eher negativ ausfallen.

Irgendwann fällt mir auf, dass ich schon lange keine Kilometersteine mehr gesehen habe. Irgendwie ist es ja gut, dass ich sie nicht vermisst habe, ich habe mich von der Kilometerfresserei distanziert, ich bin zufrieden.

13,0 – der letzte Stein

Warum es ausgerechnet kurz vor dem Ziel keine Steine mehr gibt, ist wieder so eine Frage. Ausgerechnet jetzt ist Schluss mit der metergenauen Vorhersage des Restweges? Das ist auch Ulrich Hinse aufgefallen, und er hat eine Erklärung: „Der Camino war vor einigen Jahren um den Flughafen herumgeleitet worden und hatte sich dadurch beträchtlich verlängert. Vielleicht waren deshalb ... die Kilometersteine entfernt worden."[95].

---

95 Ulrich Hinse Seite 283

Über diese und andere Verlängerungen habe ich ja schon in Burgos nachgedacht[96], das könnte stimmen. Aber „beträchtlich"? Die quer zum Camino verlaufende Landebahn des Flughafens Labacolla ist zwar 3200 Meter lang, umgangen werden müssen aber nur die nördlichsten 600 Meter. Und ausgerechnet auf dieser Umleitung gibt es dann doch noch einen Stein, drei Kilometer vor dem heutigen Ziel, km 13.

Das ist der letzte Stein, den ich sehe. Ein alter, aber ein schöner!

  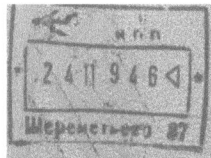 

---

96 Ich auch Seite 120

13 Labacolla

Ich habe mir diesen Ort als letzte Station vor dem Ziel ausgesucht, weil es dann nur noch 10 Kilometer bis Santiago sind. So kann ich bereits am späten Vormittag am Ziel sein und habe entsprechend Zeit, den Einmarsch entspannt zelebrieren zu können. Am Nachmittag kann ich dann in Ruhe meine Urkunde abholen und die Pilgermesse besuchen. Soweit der Plan.

Labacolla ist aber auch ein besonderer Ort. Er hatte im Mittelalter eine ganz bestimmte Bedeutung und ist mir mit dem Satz „Wir verlassen den Ort, indem wir die Nationalstraße queren…"[97] nicht ausreichend gewürdigt.

Im Mittelalter war dies der Ort, wo sich die Pilger im Fluss wuschen, um sauber am Ziel anzukommen, was noch nicht weiter spektakulär erscheint.

Aber Labacolla heißt auf Deutsch „Wasch dir den Schwanz", und damit wird es interessant. Ich kann nämlich spekulieren, wie das gemeint war und komme auf zwei mögliche Interpretationen.

---

97 Joan Fiol Boada Seite 136

Man wäscht sich, um sich von den Sünden auf dem Weg zu reinigen, oder
Man wäscht sich, um für Santiago sauber und bereit für neue Taten zu sein.

„In dem Flüsschen ... legten die Pilger ihre Kleider ab, um sich zu Ehren des Apostels zu waschen, und zwar gründlich, von Kopf bis Fuß"[98], schreibt Petra Oelker im Vorbeifahren aus dem Bus.

Wo genau die Badestelle war? Es kann im Ort am Fluss gewesen sein, vielleicht auch etwas später an einer Stelle, wo es noch Reste eines gemauerten Zugangs zum Wasser gibt. Irgendwelche erklärenden Hinweisschilder finde ich nicht.

Die Stelle ist bei meinen literarischen Wegbegleitern auch nicht erwähnt, außer vielleicht bei Shirley MacLaine. Bei ihr muss man als Leser allerdings furchtbar aufpassen, ihre Träume oder Visionen nicht mit der Beschreibung des Wegs zu verwechseln. „Wir tauchten lautlos in das glitschige, zärtliche Wasser ab und erkannten schnell, dass es sehr tief war"[99] ist eine Sache, „Consuelo blieb stehen, um zu pinkeln. Ich joggte weiter."[100] eine andere.

---

98 Petra Oelker Seite 347
99 Shirley MacLaine Seite 272
100 Shirley MacLaine Seite 302

Nahe Santiago wird es auch Zeit, mal wieder über Religion nachzudenken. Ich denke zu diesem Thema ja nicht tief oder ernsthaft, sondern eher banal, aber ich probiere es nochmal.

Bei Toti Lezea ist das Miteinander der drei großen monotheistischen Religionen Judentum, Christentum und Islam das Leitthema. Das Böse in Gestalt eines irren Mönchs gibt sich christlich. Aber das ist keineswegs die Idee, die hinter dem Jakobsweg steckt. Santiago, das Apostelgrab und der Camino waren ein Mittel zur Stabilisierung des von den Mauren zurückeroberten Spaniens. Dass sich in der Architektur viele maurische Elemente gehalten haben zeigt, dass diese Zeit nicht als etwas Negatives aus der Erinnerung verdrängt wurde.

Auch heute ist der Jakobsweg kein Symbol der Versöhnung oder der Ökumene.

Die wirklichen Probleme der Menschheit sind nicht Thema des Weges.

Ich habe mittlerweile auch dazugelernt, was die Unterschiede zwischen katholischen und evangelischen Christen betrifft. Es ist nicht wirklich die Interpretation des Abendmahls, auch nicht Papst und Maria.

Bei einem Klassentreffen in Augsburg anlässlich 45 Jahre Abitur habe ich die Confessio Augustana, das Augsburger Bekenntnis kennengelernt, die in der dortigen Sankt-Anna-Kirche am 31.10.1999 von beiden Konfessionen unterzeichnet wurde. Sie lautet:

„Wir bekennen gemeinsam, dass der Mensch im Blick auf sein Heil völlig auf die rettende Gnade Gottes angewiesen ist. Die Freiheit, die er gegenüber den Menschen und den Dingen der Welt besitzt, ist keine Freiheit auf sein Heil hin. Das heißt, als Sünder steht er unter dem Gericht Gottes und ist unfähig, sich von sich aus Gott um Rettung zuzuwenden. Rechtfertigung geschieht allein aus Gnade."

Der entscheidende Punkt!

Zum Thema Sündenerlass stößt mir noch eine bei Tim Moore gefundene Bemerkung auf. Der Papst habe 1968 den Sündenerlass durch Pilgerreisen abgeschafft[101]. Das war Paul VI, gefunden habe ich das bei ihm nicht. Aber

---

101 Tim Moore Seite 100

auch wenn es stimmt, gilt es wohl nicht rückwirkend für die vielen Pilger vom Mittelalter bis 1968, sondern nur für die späteren.

Der Weg Richtung Ziel ist leicht und auch fast leer, also nur einzelne Mitpilger. Die kommen wohl erst später, aus Pedrouzo oder so.

Dann komme ich sogar noch am vermissten Sägewerk vorbei, es liegt links am Weg. Die heißen mich willkommen und sagen mir, dass es noch 7 Kilometer bis zum Ziel sind, und sie verarbeiten auch alle denkbaren Hölzer, aber keinen Eukalyptus[102].

Der nächste und letzte markante Wegpunkt vor Santiago ist der Monte do Gozo. Von diesem Berg oder Hügel aus habe man den ersten Blick auf die Stadt und die Kathedrale.

„...[wir] erklimmen den letzten steilen Berg, den Monte do Gozo, der von seinem Gipfel den Blick auf Santiago de Compostela freigibt"[103]. Oder: „[der Weg führte] auf einen flachen Hügel – ich sah unten eine große Stadt

---

102 www. maderasramos.es
103 Hape Kerkeling Seite 335

liegen"[104]. Aber auch: "[Raschke erreichte] den Berg der Freunde, wie er auch genannt wurde, weil man von dort bereits die Dächer der Kathedrale sehen würde. Er sah außer einigen Bäumen, welche die Sicht auf die Stadt versperrten, nichts"[105].

Na wenn schon sind es der Berg der Freude und die Türme der Kathedrale. Ich bin mal gespannt. Und kurz darauf ernüchtert.

Monte do Gozo – Blick auf die Kathedrale?

Es sieht keinesfalls so aus, wie Petra Oelker das beschreibt: „Die große Freifläche des Plateaus … bot einen imposanten Ausblick über die … Stadt Santiago … die alles Überragenden … Türme der Kathedrale zeugten von der historischen Altstadt…"[106].

Es gibt ein modernes Kunstwerk auf dem Hügel, von dort aber keinen Blick auf Santiago. Eine kleine Kapelle geht neben einem Kiosk etwas unter, auch von dort sehe ich aber nur Bäume. Die vielfach beschriebene Monsterherberge mit 3000 Betten sehe ich auch nicht, die liegt versteckt abseits vom Weg.

---

104 Carmen Rohrbach Kapitel Santiago de Compostela
105 Ulrich Hinse Seite 290
106 Petra Oelker Seite 348

Dafür folgt dann ein heiliger Campingplatz mit einem ersten Devotionalienshop und der Weg führt weiter an einem Maschendraht entlang, den Vorpilger, vielleicht um etwas Stimmung zu machen, mit unzähligen Holzkreuzchen verziert haben. Ähnliches gab es ja schon auf dem bisherigen Weg, aber in dieser Menge eben noch nicht.

Der Blick durch den Zaun geht auch nicht in Richtung Santiago, das liegt weiter rechts.

Wenig später erreiche ich dann die Stadtgrenze von Santiago. Die sieht etwa so aus wie die von Moskau. Gut, die Buchstaben sind etwas kleiner. Ich gehe weiter. Altstadt suchen.

Bisher endeten meine Kapitel immer am Ort der nächsten Übernachtung. Diesmal mache ich eine literarische Pause und dann ein neues Kapitel für Santiago. Zumindest das hat diese Stadt sich verdient.

14 Santiago de Compostela

Santiago. De Compostela. Also das richtige. Ich bin da. Und es noch nicht mal Mittag.

Über die Bedeutung des Beinamens „de Compostela" sind zwei Meinungen im Umlauf, die eine sehr unterschiedliche Interpretation enthalten.

Die schönere ist sicher die mit der Übersetzung aus dem Lateinischen „Campus stellae", Sternenfeld. Die erscheint schon in meiner ältesten Quelle: „... auf dem Hochaltar das lebensgroße Standbild des heil. Jakobus ...dessen durch einen Stern bezeichneter Leib 829 von Bischof Theodomir in der Nähe gefunden und in der Krypta begraben sein soll, daher der Beiname Compostela, (von Campus Stellae, Sternfeld)[107]".

Die andere ist weit weniger schmeichelhaft, aber auch lateinisch: von compostum, was einfach nur Friedhof heißt. Ich glaube an diese zweite Version.

"In Santiago bekommt jeder immer den Empfang, der ihm zusteht"[108] zitiert Hape Kerkeling einen holländischen Mitpilger.

Schlimm hat es Shirley MacLaine erwischt, die musste in den letzten Tagen und bis zur Kathedrale vor eine Presse- und Fernsehmeute flüchten- ein eher unwürdiges Ende ihrer spirituellen Reise.

Ich habe mir meinen Empfang etwa so vorgestellt:

„In Santiago steppt nun definitiv der Pilger. Die Stadt ist randvoll davon, denn zu den Marschierern kommen hier noch alle Teiletappengeher, Busfahrer und Tagestouristen dazu. Für Taschendiebe jede Menge Gelegenheit zum Rucksackklauen, was aber eher selten passiert, es hat sich wohl unter den entsprechenden Bevölkerungsgruppen herumgesprochen, dass in den Rucksäcken außer schmutziger Unterwäsche, stinkenden Socken und vergessener und deshalb schimmliger Salami nichts zu holen ist.

Getoppt werden könnte das Gewusel, würden alle meine literarischen Wegbegleiter gleichzeitig in Santiago eintreffen. Dann käme eine wilde

---

107 Brockhaus´ Konversationslexikon, Vierzehnter Band, Brockhaus in Leipzig, Berlin und Wien 1895
108 Hape Kerkeling Seite 334

Verfolgungsjagd mit Festnahme eines Bösewichts, ein stadtumfassender Einsatz mehrerer bis an die Zähne bewaffneter Sondereinsatzkommandos der spanischen Polizei mit freundlicher Unterstützung durch die spanische Armee, eine jetzt definitiv durchgeknallte Pilgerin mit Kaliummangel, eine naturliebende atheistische Biologin mit umfassenden Erkenntnissen über Kirchenbauten, ein abgemagerter Comedian mit vielen neuen Bekanntschaften und ein französischer Bauer mit einem Pferdeanhänger dazu. Eigentlich schade, dass es nicht so ist. Man könnte so schön beschreiben, wie das SEK den leeren Pferdetransporter stürmt, der Fantasie wären keine Grenzen gesetzt. Oder bin ich jetzt auch durchgeknallt?"

Ja, so hatte ich das unterwegs schon geschrieben, aber keine Panik, Leute, so ist es nicht.

Es ist ruhig in Santiago. Auf dem langen Weg in die Altstadt kann ich die wenigen an ihrer Ausstattung erkennbaren Pilger an einer Hand abzählen.

Nach fünf Kilometern durch die Stadt erreiche ich so was wie die Altstadt, und endlich ist tatsächlich ein Turm der Kathedrale zu sehen. Die Gassen werden enger, dafür gibt es keine gelben Pfeile mehr, da ist wohl am Schluss doch noch die Farbe ausgegangen. Es sind auch gar keine erkennbaren Pilger mehr unterwegs, aber es wird schon stimmen, mit dem rechten Weg.

Der Camino endet auf dem Platz vor dem Hauptportal der Kathedrale, und mit dem Erreichen dieses Platzes endet auch das Pilgerdasein. Es passiert schnell und unspektakulär, weil ich mir zwei Fakten vorher nicht klargemacht habe.

Wie alle Kirchen schaut auch die in Santiago mit dem Chor nach Osten, das bedeutet, die Pilger nähern sich ihr von hinten. Außerdem ist die Kathedrale in Santiago so von Gebäuden umstellt, dass die klassische Baustruktur nicht sofort zu erkennen ist.

Der Weg führt dann zwischen zwei größeren Gebäuden hindurch, dann unter einem weiteren Haus durch einen Tunnel, in dem zwei Leute Dudelsack spielen und CDs verkaufen. Und hinter dem Tunnel- zack, der Platz vor der Kathedrale! Ich glaube es erst nicht so recht, weil das in der Literatur versprochene Gewusel von Menschen fehlt, der Platz ist fast leer, ein paar Leute sind dabei, ihre Verkaufsstände aufzubauen. Am spektakulärsten noch ein Stand eines Radiosenders, der von hier live sendet, so wie SWR1 auf Tour durch´s Ländle.

Am Ziel. Die Kathedrale ist links

Und so endet mein Pilgerdasein sehr plötzlich und wenig feierlich. 4.5.2016, 12:08 Uhr. Ich bin kein Pilger mehr. Ich empfinde das aber nicht als etwas Schlechtes, sondern irgendwie Als Befreiung und Neuanfang. Na ja, Hape ging es auch nicht besser, er spricht vom „schnellen Pilgertod"[109].

Trotzdem: Santiago muss noch erfahren und besichtigt, die Urkunde abgeholt und die Pilgermesse besucht werden.

---

109 Hape Kerkeling Seite 336

Leider ist die Front der Kathedrale eine Baustelle, der rechte Turm eingerüstet, das Portal ebenso und geschlossen. Davor steht eine mehrsprachige Infotafel, die mitteilt, dass Pilgermesse abends um halb acht sei und dass der Pilger drei Dinge zu erledigen habe: Den Fuß der Jakobsstatue im Eingangsbereich küssen, die zweite Jakobsstatue in der Kathedrale umarmen und das Grab besuchen. Punkt eins fällt damit schon mal flach. Und das mit dem Umarmen überlege ich mir noch.

Also erst mal Quartier suchen und dann die Pilgerurkunde, die Compostela, abholen. Die Quartiersuche gestaltet sich auch heute wieder einfach, mein Smartphone führt mich zu der gebuchten Pension etwa 200 Meter von der Kathedrale entfernt. Ich muss eine halbe Stunde warten, bis der Hotelier aus der Mittagspause kommt, aber das macht nichts, denn neben dem Hotel gibt es mehrere Bars mit Tischen im Freien.

So kann ich das Leben beobachten: Es ist ein sehr aktives Gewusel von Autos und kleinen LKWs, die Fisch, Fleisch und Rucksäcke anliefern, auch meinen. Ein Kleinlaster hat zur Hälfte Klopapier und Spargel im Glas geladen, hinter der Kombination steckt bestimmt eine interessante Geschichte. Aber bevor ich darüber weiter spekuliere, bekomme ich mein Zimmer und auch einen Stadtplan mit dem Hinweis, wo sich das Pilgerbüro befände. Nur- dort ist es definitiv nicht.

Bei der Suche nach dem Pilgerbüro hilft dann wieder mal nur die klassische Methode: einen Eingeborenen fragen. Die nette ältere Dame am inzwischen eröffneten Souvenirstand vor der Kathedrale schickt mich nach Westen zu einem großen, neuen Gebäude, an dessen Seiteneingang zwei Uniformierte eine Taschen- und Rucksackkontrolle veranstalten. Das dauert, aber zum Glück sind nur zwei noch voll ausgerüstete Pilger vor mir, ich habe meinen Rucksack ja nicht mehr dabei und bin so schnell kontrolliert.

Das Pilgerbüro hat nichts mehr von dem, was andere beschrieben haben, kein „hoher, holzvertäfelter Saal", keine „Postannahmestelle der Renaissance"[110], es sieht aus wie in der Kfz-Zulassungsstelle in Donaueschingen. Die Schlange ist überschaubar, eine Anzeigetafel verweist auf den jeweils nächsten freien von 9 oder 10 Schaltern, es läuft zügig. Die Pilger hinter mir sind Deutsche, die zum dritten Mal nach Santiago gepilgert sind, diesmal von Porto aus. Das Pilgerbüro hier ist trotzdem auch für sie etwas Neues.

Und es bietet auch Neues oder unerwartet Positives. Zum einen gibt es neben der klassischen Compostela, die vom Design her modernisiert ist, der Text ist unverändert, eine Zusatzurkunde, auf der auch der Ausgangspunkt des Weges vermerkt ist, also eine Anerkennung für die Pilger, die nicht nur den Compostela-in-drei-Tagen-Trip ab Sarria gemacht haben. Zum anderen gibt es kein kritisches Stempelprüfen, sondern von einer jungen Dame hinter dem Schalter nur ein anerkennendes Nicken nach einem kurzen Blick auf meine zwei Credentials, der erste war in Fonfría vollgestempelt.

Zwei Versuche wären dennoch interessant:

Erstens: Den Weg nur mit Stempeln aus Kirchen und Klöstern belegen, was zwangsläufig Lücken auf den letzten 100 Kilometern ergibt und zweitens: Die Compostela mit dem Auto an einem Tag holen. Dazu vorher Pilgerpass

---

110 Hape Kerkeling Seite 338

besorgen, dann die letzten hundert Kilometer fahren und 6-8 Stempel in Bars holen, da wo man sich selbst bedienen und dann beliebige Daten eintragen kann. Dazu verschiedene Stifte und unterschiedliche Schreibstile benutzen, es müsste eigentlich klappen.

Am Ausgang steht ein Container für nicht mehr benötigte Wanderstöcke, vielleicht werden die irgendwem gespendet. Ich habe meine nicht dabei und will sie auch behalten, so wie ich auch meine Stiefel nicht verbrennen werde, wir haben uns jetzt erst so richtig angefreundet.

Jakobusstatue in der Kathedrale

Bis zur Pilgermesse ist jetzt noch ein ganzer Nachmittag Zeit. Aber der geht schnell vorbei. Ich muss dreimal um die Kathedrale laufen, bis mir einigermaßen klar ist, wo es welche Eingänge gibt, welche Fassade zu welchem Schiff gehört und welche Plätze sich anschließen. Auf einem, zugänglich über eine große Treppe am südlichen Ende des Chors, ist eine große Bühne aufgebaut und es ist Soundcheck. Klingt nach Vorbereitung für ein abendliches Rock-Pop-Konzert. Ein Shop für Souvenirs hat auch gute Bücher, darunter einen Nachdruck des codice calixtino, des ersten mittelalterlichen Pilgerführers!

Dass es einen mittelalterlichen Führer zum Camino, den Codex Calixtinus, gibt wusste ich, hatte aber nie erwogen dessen Ratschläge für meine konkrete persönliche Planung heranzuziehen. Kurz: ich habe ihn nicht gelesen. Es gibt sowieso keine vollständige deutsche Übersetzung, nicht mal des Buches V, das den Kern der Sache darstellt.

Hier in Santiago bietet der ultimative Pilger- und Souvenirshop eine spanische Ausgabe des Buches V an, die muss ich natürlich haben. Und sie liest sich relativ leicht und im Rückblick spannend.

Nicht nur der Rio Salado war vergiftet, damals, auch die meisten anderen Flüsse. Giftig für Menschen und Pferde. Na ja, das hätte mich jetzt nicht wirklich abgeschreckt, weder ich noch mein Auto hatten die Absicht, aus Flüssen zu trinken. Anders sieht das aus mit der Warnung: „Alle Fische und alles Fleisch von Rind und Schwein in Spanien und Galicien führt bei Fremden zu Erkrankungen"[111]. Obwohl- wer sich von Hape Kerkeling, Shirley MacLaine und Paulo Coelho nicht davon anhalten lässt, die Pilgerwanderung zu unternehmen, den schreckt auch das nicht ab.

Dass Tim Moore die geschilderten 13 Etappen von Saint Jean bis zum Ziel als sportliche Vorgabe empfindet ist verständlich[112], erklärt sich aber vielleicht dadurch, dass sein englischer Übersetzer das Wort „Caballo" ausgelassen hat. Pferd. 13 Etappen sind es zu Pferd, und das geht doch.

---

111 Codice Calixtino Seite 20
112 Tim Moore Seite 58

Ansonsten stimmt Tim Moores Bewertung. Dieser Codex ist eher eine Warnung vor dem Weg als eine Werbung für ihn.

*Das Apostelgrab.
Fotografieren wahrscheinlich verboten.*

Als ich pünktlich, aber nicht zu früh zur Messe in die Kathedrale komme, ist diese mäßig voll, aber es passiert bereits etwas: Eine Sprecherin verliest die Namen oder Herkunftsorte der heute angekommenen Pilger, genauer gesagt: sie ist gerade damit fertig. Die Messe läuft ab wie immer, beziehungsweise wie die drei katholischen Messen, die ich auf dem Weg besucht habe. Vielleicht abgesehen davon, dass der Pfarrer in seiner Predigt die Überlegenheit der christlich-abendländischen Kultur doch sehr deutlich betont. Stört aber niemand, er spricht spanisch.

Vor mir sitzt eine Reihe junger Pilger, die, so steht es auf ihren Hemden, Radfahrer aus Portugal sind, die 270 Kilometer in drei Tagen gefahren sind. Sie folgen der Messe sehr andächtig, sogar mit Kniefall an den passenden Stellen. Es ist überhaupt sehr feierlich und geordnet. Zum Abendmahl kommen sechs bis acht Nonnen zum Einsatz, so dass es sehr schnell von statten geht.

Nicht an diesen Seilen spielen, da hängt das Weihrauchfass dran!

Aber dann, die Messe ist eigentlich vorbei, kommt ein unerwarteter Höhepunkt. Das Weihrauchfass, der Botafumeiro kommt zum Einsatz, obwohl das eigentlich an einem ordinären Mittwoch nicht vorgesehen ist. Da ist es vorbei mit der Andacht: Fast alle Messebesucher zücken ihre Handys und fotografieren wild los. Und das, wo es doch alle denkbaren Bilder von dieser Aktion an allen Souvenirständen zu kaufen gibt! Jedenfalls sieht der Pilger in den hinteren Reihen kein Weihrauchfass mehr, sondern nur noch die Displays der Smartphones.

Wie ist das eigentlich mit Weihrauch und Feinstaub? Oder mit Rauchen in der Öffentlichkeit, ja schlimmer, in der Kirche? Wäre die Kathedrale ein Auto in Deutschland- Rote Plakette!

Nach der Messe ist in der Stadt der Teufel los. Nein, falsches Bild: es steppt der Bär. Rockkonzert vor der Kathedrale, Volksfest im Park, Musik und Menschen in allen Gassen der Altstadt. Es sind eindeutig mehr Normalbürger als Pilger, die hier feiern.

Ich dachte erst, das sei hier jeden Abend so. Aber nein, es war ein besonderer Tag, der Vorabend des Feiertags Christi Himmelfahrt.

Es ist mal wieder sehr laut rund um mein Quartier, aber anders als zu Beginn der Reise in San Sebastián kann ich heute trotzdem gut schlafen.

15 El camino de vuelta – Der Weg zurück

So viel, so unendlich viel über den Weg nach Santiago geschrieben wurde, so wenig Berichte gibt es über den Rückweg.

Im Mittelalter war der Rückweg ein zwingender Bestandteil des Unternehmens, und wie man am Beispiel Santo Domingo de la Calzada sehen kann, durchaus manchmal nützlich[113].

Heute fügen die meisten Bücher und Beschreibungen über den Camino höchstens noch ein Kapitel „Finisterre" ein und beschreiben den Weg bis zur Atlantikküste, nochmal drei Tage. Dafür fehlt mir die Zeit.

Oder sie enden mit einem Satz wie „Am nächsten Morgen fuhr ich zum Flughafen…". Das wäre mir zu einfach, und außerdem muss ich ja mein Auto wieder mit nach Hause nehmen. Falls es noch da ist. Und schließlich gibt es noch ein paar Ziele, die ich mir nochmal anschauen will.

Also marschiere ich am nächsten Morgen, es regnet zum ersten Mal auf meinem diesjährigen Weg leicht, zum Bahnhof. Da war ich gestern Abend schon mal, um mir eine Fahrkarte nach Astorga zu kaufen, das ging nur klassisch am Schalter und war nötig wegen der geforderten Platzreservierung.

Heute finde ich den Weg leicht. Ich weiß auch, dass die Zugfahrt knapp fünf Stunden dauern wird, weil die Strecke nicht dem Camino folgt, sondern erst einen großen Bogen nach Süden über Ourense macht, um dann in Ponferrada den Pilgerweg zu kreuzen und in einem kleineren Bogen nach Norden die Berge um Foncebadón zu umgehen.

Natürlich bin ich eine gute Stunde zu früh am Bahnhof, und so kann ich noch einen Kaffee trinken.

Mir fällt ein, dass ich jetzt die Strecke befahren werden, auf der kurz vor Santiago im Juli 2013 ein Zug entgleiste und es 79 Tote gab. Nicht dass ich jetzt Angst hätte, aber ich denke an das Thema Katastrophen und Schuld, das mich immer wieder beschäftigt hat.

---

113 Ich auch, Seite 105

Wenn sich irgendwelche Unfälle oder Katastrophen ereignen, wird immer nach jemand gesucht, der daran schuld ist. Das ist eine verständliche Reaktion, die aber bei näherer Betrachtung oft oder fast immer schiefgeht.

Da war der Absturz des Fluges Crossair 3597 auf dem Weg von Berlin nach Zürich am 24. November 2001, Waldberührung im Landeanflug auf die Piste 28, also von Osten. Ursache Unterschreitung der Mindestflughöhe. Richtig. Ist bei Flugunfällen meistens die letzte Ursache, so wie beim Totenschein der Mediziner das Herzversagen. Es wurde natürlich intensiver nach dem Grund für diese Unterschreitung der Mindestflughöhe geforscht und einige Faktoren gefunden, die dazu beigetragen haben. Wenn nur ein einziger dieser Faktoren nicht bestanden hätte, dann wäre der Unfall wahrscheinlich, womöglich oder gar sicher nicht passiert. Einer der Faktoren war eine Verspätung von wenigen Minuten zur falschen Zeit. Der Pilot war darauf eingestellt, von Norden auf die Piste 14 anzufliegen, was technisch einfacher und vor allem ihm bekannter war. Aber dann war es kurz nach 21 Uhr, als er über Donaueschingen am Anflugsammelpunkt RILAX ankam. Und nach 21 Uhr darf man aus Lärmschutzgründen von hier aus nicht mehr von Norden nach Zürich anfliegen. Also musste er sich schnell auf ein unerwartetes und schwierigeres Anflugverfahren einstellen, was er nicht geschafft hat. Gut, das musste er eigentlich können. Trotzdem. Manche Faktoren sind irgendwie blöd.

Noch blöder lief es in Überlingen. Zusammenstoß zweier Flieger in großer Höhe, Schuld war der Fluglotse in Zürich. Ja, er hat die falschen Anweisungen gegeben. Aber: Hätte eine Maschine der Lufthansa auf dem Weg nach Friedrichshafen keine Verspätung gehabt, dann hätte er nicht zum falschen Zeitpunkt seinen Arbeitsplatz verlassen müssen, um an einem anderen Bildschirm daneben diesen Flug zu lotsen.

Ich meine, es gibt nur ganz selten eine einzelne Ursache für Katastrophen, es gibt immer viele Faktoren, und mindestens einer davon ist irgendwie blöd.

Inzwischen kommt auch mein Zug. Ich habe meinen Platz in Wagen 2, aber einen Wagenstandsanzeiger wie in Deutschland gibt es auf dem Bahnhof nicht. Braucht es auch nicht, der Zug hat nur zwei Wägen. Er passiert schön langsam die Unfallkurve und wird dann zum Hochgeschwindigkeitszug. Mit 200 km/h schnurgerade nach Südosten, immer abwechselnd durch Tunnel und über Brücken.

In Ourense wird es dann gemütlich. Es wird ein bisschen rangiert, auf dem Nachbargleis noch einen Wagen mitnehmen und dann mit 80 km/h durch verschiedene Flusstäler, über kleine Hochebenen, durch Dörfer und Stationen mit Namen, die ich noch nie gehört habe. In Ponferrada kann ich dann doch noch Pablo Coelhos Bahnhof sehen, und für die zwei Pilgertage nach Astorga brauchen wir dann nochmal zwei Stunden.

Ich marschiere an Bischofsschloss, Kathedrale und Bischofssitz vorbei zur Polizeistation. Da steht mein Auto etwas vertaubt, aber unversehrt, allerdings mit einem Zettel an der Windschutzscheibe. Aber das ist nur ein Angebot eines Händlers, mein Auto kaufen zu wollen. "Wir kommen auch zu ihnen nach Hause", na ja, wer´s glaubt...

Es reicht heute noch bis León. Die Kathedrale mit ihren beeindruckenden Fenstern und Lichtspielen wartet heute im Regen auf mich. Ich kann also die Wirkung der Sonne, die im Laufe des Tages durch die südlichen, in warmen Gelb- und Rot-Tönen gestalteten Fenster scheint und den Gegensatz zu den nördlichen, kalten Blau- und Grün-Tönen wieder nur erahnen.

Die Fenster widersetzen sich dem Versuch, sie im Bild festhalten zu wollen. Auch in einem zu kaufenden Bildband ist das nicht anders.

Aber meine Interpretation des Bronzejungen mit Vater[114] bestätigt sich: Der will nicht in die Kirche!

---

114 Ich auch Seite 195

Am nächsten Tag nehme ich nicht die Autobahn und auch nur zum Teil die N 120, ich halte mich auf kleinen Nebenstraßen nahe am Camino.

Über die Meseta. Drei Stunden durch flache Felder, die noch leer sind und bis zum Horizont reichen. Also, wenn ich da durchgefahren wäre, bevor ich durchgelaufen bin... ich weiß nicht, ob ich mir das angetan hätte. Es ist wirklich gut nicht zu wissen, auf was man sich einlässt oder was einem bevorsteht. Nur so kommt man zu einem schließlich doch schönen Erlebnis wie eben hier der mehrtägigen Durchquerung der Meseta!

In Castrojeriz gibt es eine Burgruine auf dem Berg, die Pilger laufen im Tal daran vorbei, so hatte ich das auch gemacht. Jetzt fahre ich rauf und werde mit einer tollen Aussicht auf dem Abschnitt des Camino vor Castrojeriz belohnt. Ja, da unten bin ich ohne Frühstück entlanggelaufen.

In Hontanas hat sich in den vergangenen zwei Jahren viel verändert. Ein Pilger, der wohl selber zweimal kein Quartier gefunden hat, hat zwei neue Herbergen eröffnet uns sich hier niedergelassen. Auch andere Steinhaufen formieren sich zu neuen Häusern. Vor allem aber ist die Kapelle der Heiligen Birgitta renoviert und beschildert, es war tatsächlich die von Schweden!

Burgos brauche ich nicht nochmal, da habe ich einmal meine Etappe beendet und einmal die nächste begonnen. Aber ich fahre durch und so auch am Hotel vorbei, in dem ich zweimal übernachtet habe. Da stehen immer noch Tische davor, und immer noch sind sie leer.

Von Burgos nach Pamplona nehme ich dann wieder die Autobahn, diese Gegend habe ich ja schon mehrfach mit dem Auto erkundet.

Was noch fehlt, ist eine Fahrt entlang des Camino über die Pyrenäen nach Saint-Jean-Pied-de-Port. Aber irgendwie kommt mir die Straße über Burguete nach Roncevalles seltsam bekannt vor. Na klar doch, da bin ich ja schon mal mit dem Bus gefahren!

Was als neue Erkenntnis bleibt, ist der Blick vom Leopeder-Pass nach Frankreich, die Alternativ-Pilgerroute, die ich seinerzeit nicht genommen hatte.

In Saint-Jean ist alles voller Neupilger. Die Saison hat begonnen. Ausgerechnet diesmal habe ich kein vorgebuchtes Quartier. Was übrig bleibt, ist ein unscheinbarer Zettel an einem unscheinbaren Haus in der Altstadt. Man vermiete Zimmer. Ich klingele. Es passiert erst mal nichts, aber als ich mich gerade zum Gehen wenden will, schlurft was hinter der Haustür. Schlüssel knirschen, und es erscheint eine alte, eher sehr alte Dame. Umschalten von Spanisch auf Französisch. Ja, sie habe ein Zimmer, 30 Euro. Ich folge ihr in einen dunklen Flur. Schuhe ausziehen. Die Treppe in den zweiten Stock knarrt, die Gelenke der Vermieterin auch. Das Zimmer ist wie das ganze Haus: Alt und versifft. Das Fenster führt in einen dunklen, engen Lichtschacht. Sicher kein Stern für die Unterkunft, aber was soll´s.

Es kommt aber noch was nach. Um Neun Uhr müsse ich da sein, da sperrt sie zu und geht schlafen. Ups. Ich handle sie auf zehn Uhr hoch.

Das reicht gerade noch für ein Abendessen in einer lauten Bar, was mich sehr an meinen Start hier erinnert. Da kann ich noch ein bisschen spekulieren, wie ich nach dem altersbedingten Ende meiner ärztlichen Tätigkeit meine Rente, die in meinem Fall Altersruhegeld heißt, aufbessere.

Ich habe die US-Fernsehserie „Breaking Bad" gesehen. Das ist durchaus ein tragfähiges Konzept für die Finanzierung des Ruhestands, aber ich bin nur Mediziner und kein Chemiker. Die Herstellung und der Vertrieb von Chrystal Meth überschreitet meine Kernkompetenz. Und, na gut: so prickelnd geht es auch nicht aus. Es wäre mir außerdem zu aufregend und zu stressig.

Also muss was Anderes her. Warum nicht das ausbauen, was ich mit der Unternehmung Camino de Santiago begonnen habe? Bücher schreiben. An mögliche nächste Projekte habe ich unterwegs ja schon gedacht. Martin Luther und sein Weg nach Augsburg, Friedrich Hecker und sein Revolutions-Marsch von Konstanz nach Kandern. Beides wären Projekte, die aus Recherche, Kommentieren von existierender Literatur und eigener Wanderung bestehen würden, also das bekannte Konzept. Ob ich es irgendwann auch schaffe, die Figur eines kriminalistisch ermittelnden chirurgischen Assistenzarztes zu verwirklichen, sei mal dahingestellt.

Ein Glas Wein extra auf die bevorstehende Übernachtung. Immerhin sehe ich noch, dass meine Vermieterin den Hausschlüssel nicht mit in´s Bett nimmt, sondern an die Wand hängt. Also bin ich zumindest nicht eingesperrt. Das wäre noch ein Erlebnis gewesen, das ich mit Hape Kerkeling hätte teilen können.

Dafür ist es kalt, die Bettwäsche klamm und wahrscheinlich auch nicht frisch aus der Wäscherei. Ich halte durch bis kurz nach sechs.

Auf dem Rückweg nehme ich noch die Abtei Cluny mit und die Stadt Dijon, ein kleiner, lohnender und entspannender Umweg. Und nochmal einen Tag später bin ich wieder im Schwarzwald.

Das war´s dann definitiv!

Mein Weg hat insgesamt acht Jahre gedauert. Drei Jahre Planung und dann vier Etappen, verteilt auf fünf Jahre.

Das ist etwas Anderes als ein vier- oder fünf-Wochen-Trip mit kurzem Vorlauf. Ich denke, dass auf diese Art, auch durch die wiederholten An- und

Abreisen, ein anderer, aber keineswegs weniger intensiver Eindruck bei mir angekommen ist. Ich behaupte sogar: ich habe den Camino de Santiago intensiver erlebt als ich es bei einer durchgehenden Reise hätte erfahren können.

Was erst mal noch bleibt, ist das sichere Gefühl: Ich bin kein Pilger mehr. Zumindest kein Jakobspilger.

Ich kann deshalb, zurück in der Heimat, mit den zahlreichen Jakobswegen, mit den Muscheln, die man an ganz unerwarteten Stellen als Wegweiser nach Santiago findet, nichts mehr verbinden oder anfangen. Eine Jakobsmuschel in Südtirol, auf dem Wanderweg zum Stilfserjoch- das lässt mich heute kalt, vor meinem eigenen Eintreffen in Santiago hätte es mich interessiert. Schlimm? Nein, nur natürlich, oder?

Es gibt für mich auch kein Symbol, keinen Pin und keinen Aufkleber, den ich mit wirklich gutem Gefühl weiterhin tragen kann. Zu sehr sind alle historischen Fakten, alle Geschichten über Religionskämpfe, auch die Aktivitäten der Tempelritter, ambivalent mit Gut und Böse assoziiert.

Ich bin beim Gänsespiel aktuell auf Feld 65, also zwei Felder über dem Ziel. Aber das bedeutet nicht, dass das Spiel vorbei ist. Es heißt, dass ein neues Spiel beginnt.

Ich bin dann mal wieder da!

Orte

Alto del Perdón	18
Augsburg	120
Bad Dürrheim	108
Burgos	26
Camponaraya	54
Castrojeriz	140
Castromaior	97
Columbrianos	54
Cruz de Ferro	12, 40
El Burgo Ranero	26
El Ganso	30
Freising	53
Fuentes Nuevas	54
Gónzar	87
Hontanas	141
Logroño	20
Melide	95
Monsacro	22
Monte do Gozo	121
Moskau	123
München	53, 63
Niedereschach	109
Pamplona	18
Pedrouzo	115

Puente la Reina	18
Rabanal del Camino	31
Saint-Jean-Pied-de-Port	19, 142
Samos	77
San Millan de la Cogolla	25
Santo Domingo de la Calzada	25
Trabadelo	63
Triacastela	76
Villafranca de Bierzo	12, 59

Personen

Asterix	64
Dürrenmatt, Friedrich	93
Fuchs, Arved	66
Fuchsberger, Joachim	75
Genscher, Hans-Dietrich	83
Herzog, Roman	83
Löwe, Herzog Heinrich der	53
May, Karl	10
Messner, Reinhold	66
Padua, Antonius von	56
Piontek, Heinz	31
Schweden, Birgitta von	141
Tomás, der letzte Templer	43
Valentin, Karl	93

Themen

Aktiengesellschaften	105
Anhängerkupplung	102
Blutdruck und Normalwerte	72
Codex Calixtinus	131
Confessio Augustana	120
Deutscher Herbst	62
Ernährung	70
Eukalyptus	101
Gänsespiel als Bodenmosaik	20
Gänsespiel Orts-Zuordnung	22
Gepäcktransport	55
Gymnasium G8	32
Hopfenernte	80
Hostienwunder	69
Ibuprofen	106
ICD	44
Idiotenapostroph	114
IS	12
Karte zum Weg	14
Kilometer 100	89
Landtagswahl 2016	11
Landwirtschaft	80
Nahrungsergänzungsmittel	71
Ozon	113

Pazifismus	12
Plastikmüll, Gelber Sack	15
Populismus	11
Rabatte	16
Reiten	67
Rente	142
Römisch Vier	49
Sauerstoff und Höhenkrankheit	66
Schuhe ausziehen	76, 82
Schweinezucht	107
Technischer Fortschritt	99
Telepéage	15
Templer	51
TTIP	105
Wilde Hunde	37

Etappen

April / Mai 2016

	von	über - nach	km
24	Astorga	Rabanal del Camino - Foncebadón	26
25	Foncebadón	Cruz de Ferro - Ponferrada	28
26	Ponferrada	Cacabelos	16
27	Cacabelos	Villafranca del Bierzo – Vega de Valcarce	24
28	Vega de Valcarce	O Cebreiro - Fonfría	24
29	Fonfría	Triacastela - Sarria	28
30	Sarria	Portomarín	22
31	Portomarín	Palas de Rei	25
32	Palas de Rei	Melide - Arzúa	29
33	Arzúa	Pedrouzo - Labacolla	30
34	Labacolla	Santiago de Compostela	10

Capitulum huius Almae Apostolicae et Metropolitanae Ecclesiae Compostellanae, sigilli Altaris Beati Iacobi Apostoli custos, ut omnibus Fidelibus et Peregrinis ex toto terrarum Orbe, devotionis affectu vel voti causa, ad limina SANCTI IACOBI, Apostoli Nostri, Hispaniarum Patroni et Tutelaris convenientibus, authentico visitationis litteras expediat, omnibus et singulis praesentes inspecturis, notum facit: D*n* Michaelem Lotzbücher hoc sacratissimum templum, perfecto Itinere sive pedibus sive equitando post postrema centum milia metrorum, birota vero post ducenta, pietatis causa, devote visitasse. In quorum fidem praesentes litteras, sigillo eiusdem Sanctae Ecclesiae munitas ei confert.

Datum Compostellae die 4 mensis Maii anno Dni 20

Segundo L. Pérez López
Decanus S.A.M.E. Cathedralis Compostell.

"omnes dies, et noctes quasi sub una sollempnitate continuato gaudio ad Domini et apostoli decus ibi excoluntur. Valve eiusdem basilice minime clauduntur die noctuque, et nullatenus nox in ea fas est haberi atra (cf. Ap 21,25) quia candelarum et cereorum splendida luce ut meridies fulget". (Códice Calixtino)

El Cabildo de la Santa Apostólica Metropolitana Catedral de Santiago de Compostela sita en la región occidental de las Españas, a todos los que vieren esta carta de certificación de visita, hace saber que:

Michael Klotzbücher

ha visitado la Basílica donde desde tiempo inmemorial los cristianos veneran el cuerpo del Beato Apóstol Santiago.

Con tal ocasión, el Cabildo llevado del deber de caridad, al tiempo que con gozo le dan al peregrino el saludo del Señor y piden —por intercesión del Apóstol— que el Padre se digne concederle las riquezas espirituales de la peregrinación, así como los bienes materiales. Bendígalo Santiago y sea bendito.

Dada en Compostela, Meta del Camino de Santiago, el día 4 del mes mayo del año 2016

Después de realizar 775 kms. Desde Saint Jean Pied de Port donde comenzó el 26 de abril del 2011 por la ruta del Camino Francés

Segundo L. Pérez López
Deán de la S.A.M.I. Catedral de Santiago

www.klotzi.org